著者近影（2012 年撮影）

アクション俳優の先駆者

スタントもこなす日本初のアクションスターとして、一躍、国民的人気に。
1970年にはジャパンアクションクラブ(JAC)を設立。後人を育てた。

トレーニングの様子

元妻・野際陽子の影響でハマったスキー

『キイハンター』で国民的人気を得た頃

ハリウッドでの撮影風景（1994年）

JAC合宿中の1コマ。真田広之、志穂美悦子らと

JAC は、真田、志穂美の他にも、大葉健二、黒崎輝、伊原剛志など多くのスターを排出。彼らは、代役なしでアクションをこなし、日本映画、テレビに多大な影響を与えた

師、恩人、愛すべき人たち

仕事で知り合った映画関係者だけでなく、トップアスリートたちや、千葉真一ファンを自称する世界中のスターたちとも親交を深めた。

最も尊敬する俳優、高倉健さんと

師匠と仰ぐ、深作欣二監督と

高倉健さんからいただいた車との記念撮影

ミスター・ジャイアンツ、長嶋茂雄さんと

第58代横綱・千代の富士こと九重親方、美空ひばりさんらと

アントニオ猪木さんと

ジャッキー・チェンは千葉に憧れて
アクションスターを志したという

『新　七色仮面』、『新幹線大爆破』、『けんか空手』シリーズなど
多くの千葉真一モノマネのレパートリーを持つ関根勤さん

ジャック・ニコルソン。
たまたまロサンゼルスのゴルフ場で遭遇

キアヌ・リーブスと。
主演映画のプロモーションで来日した際の1枚

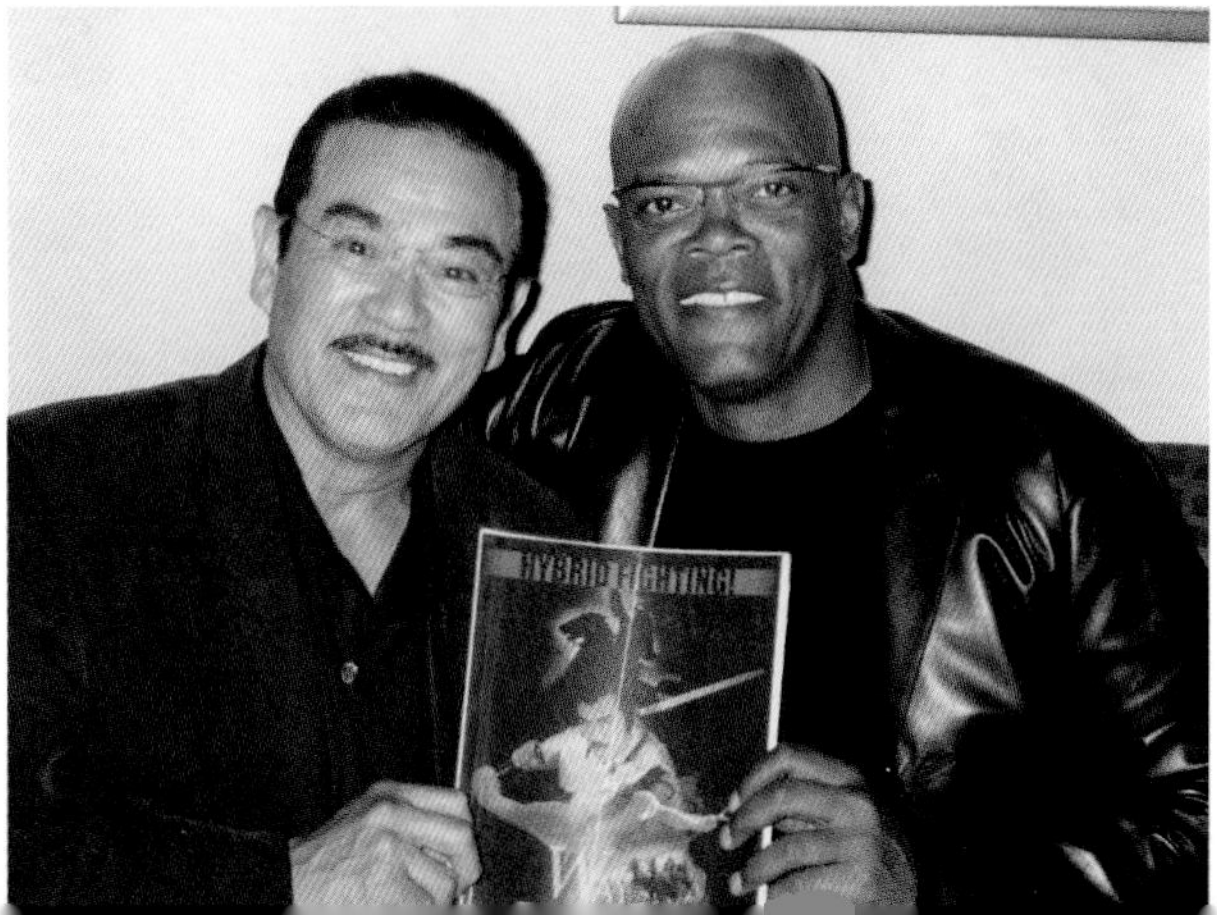

千葉の柳生十兵衛の熱狂的ファンである、
サミュエル・L・ジャクソン

千葉オタクの監督・俳優クエンティン・タランティーノ

愛娘を抱えるユマ・サーマンと、
『キル・ビル』撮影現場にて

クエンティンと、深作欣二監督を囲んで

家族との時間

映画に生涯を捧げてきた千葉にとって、
家族との時間は心底、安らげる貴重な時間だった。
60歳近くになってから生まれた2人の息子たちには最大限の愛情を注いだ。

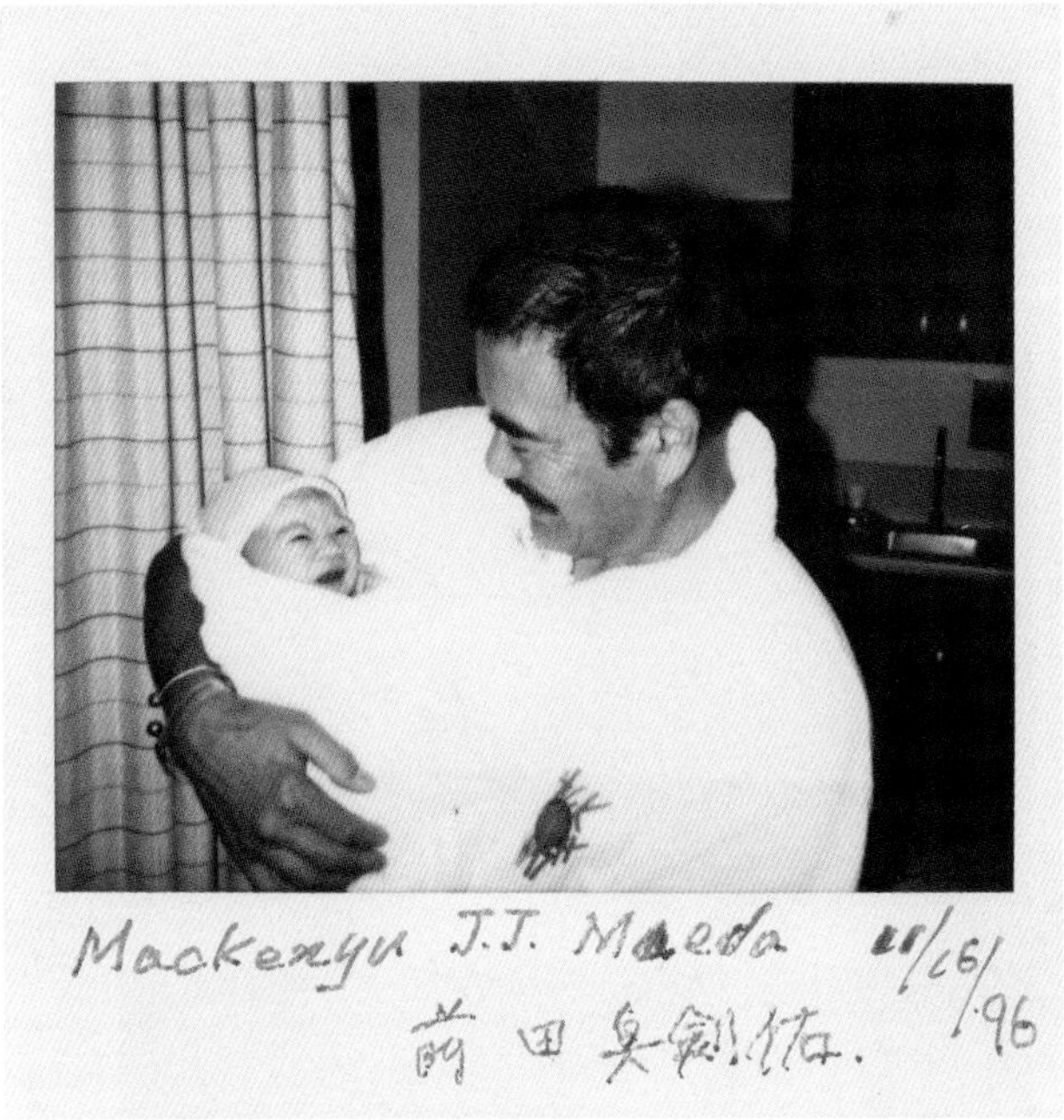

長男・真剣佑が生まれたばかりの頃の記念ポラロイド

ロサンゼルスの自宅にて

フォーマルなパーティ、撮影現場など、
いろいろな場所に子どもたちを連れて行き、思い出を作った

ロサンゼルスの遊園地にて

お気に入りの場所、ハワイにて

ロサンゼルス近郊のスキー場で

自宅の庭にて

郷敦１歳の誕生日を真剣佑と
父子３人で祝う

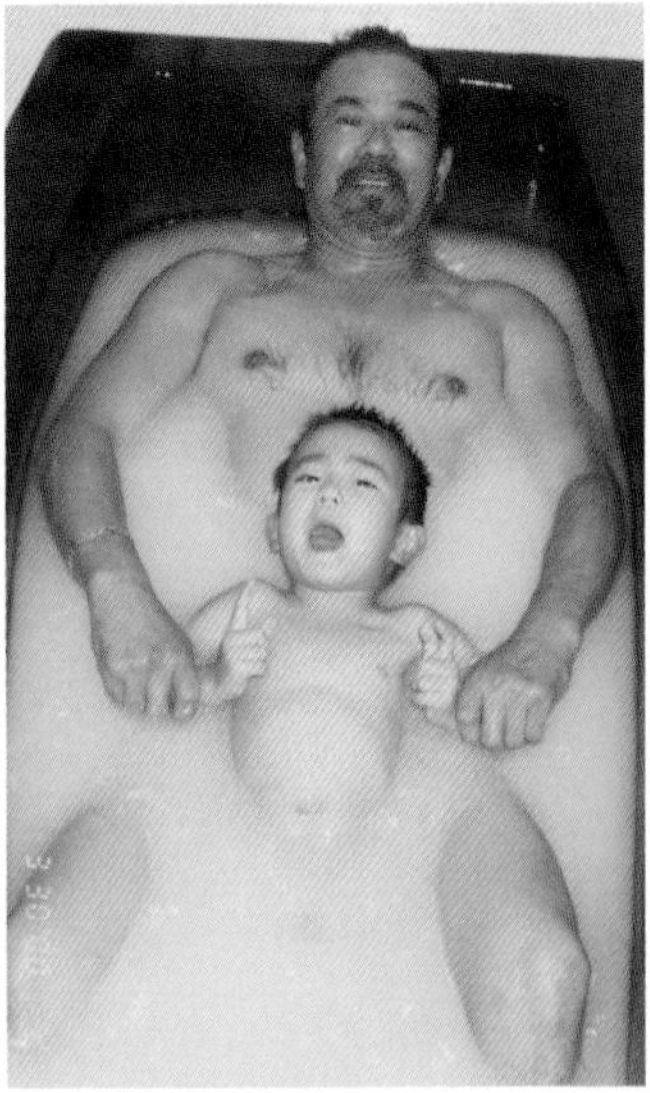

風呂にもよく一緒に入った

受け継がれる夢 ～構想中の映画プロジェクト～

千葉真一が、生前自ら脚本を書き上げ、
映像化を進めていた映画企画の一部を紹介する。これらの企画は現在、
子どもたちやスタッフに託され、実現に向けて動いている。

THE FATHER
～ジンギス・ハーンを育てた二人の戦士～

12世紀、世界人口の半数以上を統治する人類史上最大規模のモンゴル帝国を築いたジンギス・ハーン。その謎に満ちた生涯は帝国史を惑わせ続けている。

この物語は、いずれ史上最大の大王となる少年テムジンと、その“父”と“父なる者”の、今はもう語られることもない、歴史に埋もれた“もう一つの物語”である。

BUSHIDO
The Soul of SAMURAI

西暦1874年。明治政府の密使団は最新式銃器『ガトリング・ガン』を求め、アメリカ大陸へ渡った。護衛の騎兵隊や先住民族、そして極秘裏に渡米していた会津藩士。価値観の異なる民族と衝突した時に初めて証明される日本人の生き様とは？そして武士道の精神は、異国の地に何を刻み込むのだろうか……。

BROTHER
Don`t leave me alone.

西暦1908年。3人の母子が夢の新天地ブラジルを目指して沖縄を後にした。しかし、そこでの過酷な現実は、母の死を引き金に幼い兄弟を引き裂いた。無情な奴隷商人に売られた兄弟は、まったく異なる人生のレールに乗せられ、30年の年月の末にたどり着いた非情な再会。兄は警察官、そして弟はテロリストとなっていた。果たして運命は、どちらの命を猟るのであろうか……。

WAR AND CRIME

～戦争という名の犯罪～

1955年。米国占領下の沖縄で、地元青年による米兵連続殺害事件が起こった。琉球列島米国民政府を震撼させたこの事件は、容疑者への死刑判決によって幕を閉じ、この戦争被害者への極刑裁判は、極秘裁判として歴史の闇に葬られた。そして、今ここに60年の時を経て、その真実を掘り起こし、太平洋戦争の功罪を改めて世に問う。

JACALL

国際裁判機構極東支部特務エージェント“ジャッカル”

日本が高度成長の絶頂期であった1960年代後半、首都・東京を国際犯罪から守り抜いた秘密警察組織があった。しかし70年代初頭、彼らは忽然と姿を消した……。時が流れ、再び国際犯罪の巣窟となった首都・東京に、やはり彼らは現れた。コードネームは“ジャッカル”。新世代の特務エージェントチームが、大都会・東京に舞い降りた！

REDZONE DIVER

その伝説はレッドゾーンに散った …

“すべては、モータースポーツ史に烈火の如く刻まれた未曾有の大惨事から始まった……”

この物語は <MOTO-GP1000 世界選手権> で不運の事故死を遂げた伝説のオートレーサーの影を追い求め、やがて自らも世界王者へと上り詰めた若者の、壮絶なる愛と感動のドラマである。

※ ここに掲載するビジュアルは企画プレゼンテーション用のイメージです。

侍役者道

~我が息子たちへ~

千葉真一

構成◎米谷紳之介

双葉社

夜空の星

いくつになっても10代の頃の記憶は鮮明だ。

高校時代、体操部の練習が終わったあと、友人とレイトショーで上映されている映画を観に行くことがあった。

月に数度のことだが、体操に没頭していた私にとって一番の娯楽だった。映画が終わると、終電に間に合わないため、親には「友達のところに泊まるから」とウソをつき、学校に忍び込んで、体操用のマットを教室に運んで寝た。

教室の窓から星空を見上げていると、好きな俳優の顔が次々に頭に浮かんだ。ゲーリー・クーパー、アラン・ラッド、ケーリー・グラント、ジェームズ・スチュワート、クラーク・ゲーブル、グレゴリー・ペック、ジェームズ・ディーン……。

人気俳優のことを星（スター）にたとえるなんて、どんなに素敵な世界だろうと思ったものだ。まだ自分が役者になるとは、これっぽっちも思ってもいない。まして自分が憧れるアメリカ映画の世界に飛び込んでいくことになるとは想像もしなかった。

スター俳優と私との間には、地球と星の間ほどの距離があった。

その後、俳優となった私は夜空に輝くような星になれただろうか。まだまだである。先に名前を挙げた名優たちの足元にも及ばない。

それでも、私は彼ら以上に力を尽くしたと自負できることがある。

それは後進を育てたことだ。自分より輝く役者を育てようと思って生きてきた。渡米後に人生を賭けたのも、アメリカ映画より輝く日本映画を作ることだった。

柳生十兵衛を演じたのは、私にとって宿命だったとしか思えない。

柳生家の兵法であり、十兵衛が体現した思想に「活人剣」がある。「活人剣」とは人を救い、人を活かす力のことだ。

映画は人を活かす芸術である。監督はスタッフや役者を活かし、役者は共演者を活かす。人を活かし、人が活かされることによって素晴らしい映画が生まれる。

私が尊敬する深作欣二監督は人を活かす天才だった。人を育て、人を活かすことで数々の傑作を生んだ。

私は、人を活かし、人が活かされる先にこそ日本映画の輝かしい未来もあると信じている。

The Way of the SAMURAI Actor

侍役者道

～我が息子たちへ～

目次

The Way of the SAMURAI Actor

第1章

2人のサムライとの出会い

～体操選手から役者稼業へ

挫折からの出発

私が役者の道を歩み始める呼び水となったのは1枚のポスターである。敬愛する新渡戸稲造氏が書いた『武士道』にも、

「武士道は知識を重んじるものではない。重んずるものは行動である」

と記されているが、大学時代に、たまたま代々木駅で「東映ニューフェイス募集！」と書かれたポスターを見たことが、私の行動を促した。つまり、それまで映画の世界に入ることなど、まるで頭になかった私の運命を大きく変えたのである。

その頃、私は日本体育大学の体操部に所属し、東京オリンピックに出場することを目指していた。体操は中学時代に始め、木更津第一高校でも体操部に入部し、3年生のときには関東大会や全国大会での優勝も果たした。

私は大学に進んで、7年後の東京オリンピックに出るつもりだった。

しかし、父は大学進学には大反対。理由は、家にお金がなかったからだ。

父は戦争中、陸軍飛行隊のテストパイロットをしていて、幼い頃から私の憧れでもあった。ところが、終戦とともに失業。戦後の激しいインフレもあって、家の蓄えはあっという間に底を尽いてしまった。以来、我が家は貧しい生活を余儀なくされた。父が、私には高校卒業後はすぐに就職し、家計を助けてほしいと考えるのも当然だった。

そんなとき、私の援軍となってくれたのが、中学時代の体操部の顧問でもある恩師だった。この先生がわざわざ私の家までやって来て、諄々《じゅんじゅん》と父を説いてくれたのである。

「前田禎穂《さだほ》（私の本名）君の豊かな才能を生かすためにも、ぜひ大学に行かせてやってください」

私も父に懇願した。

「親父、学費は半分出してくれればいい。残りは自分でアルバイトして稼ぐから、お願いします」

結局、父は折れ、大学進学を認めてくれたのだが、現実は私が考えるほど甘いものではなかった。無事、日体大に進学したものの、私は体操部の練習がないときはアルバイトに明け暮れた。それも時給が高く、しかも体を鍛えられれば一石二鳥だと考え、土木作業や造園会社の石運びなどの、激しい労働ばかりを選んでいった。

しかし、こうした肉体労働が体操選手にとって、いいわけがない。そもそも土木作業のような力仕事でつく筋肉と、体操選手に必要な筋肉は、まるで違う。そのうえ、こうした肉体労働はケガを負うリスクもある。だが、その頃の私に、そんな知識があるはずがない。

大学2年の終わりには腰を痛め、とうとう体がまったく動かなくなってしまった。医師の診断は「1年間の運動禁止」。20歳前後というのは、練習を3日休むだけでライバルとの差がつく時期である。

私にとっては人生で初めて味わう挫折だった。

「もう、東京オリンピック出場は諦めるしかないのだろうか」

私は絶望的な気持ちで大学の寮を離れ、千葉県君津市にある実家で療養しなければならなかった。しばらくして大学に戻った私に、予期せぬ出来事が待っていた。

寮の風呂場で、こんなポスターを目にしたのである。

「ミスター・スポーツウェア募集!!」

私の目をくぎづけにしたのは賞金の額だった。1位が5万円、2位が3万円、3位が1万円。試しに仲間と応募してみたら、私だけが2位に選ばれ、3万円を手にすることができたのだ。当時、大卒の初任給が1万3000円ほどだから、3万円と言えば大金だ。学生なら、2か月か3か月は遊んで暮らせる金額だった。

しかも、2位になった私がしたのは、スポンサー企業のスポーツウェアを着て舞台を歩くだけ。アルバイトでした肉体労働の苦労とは比較にならない。

世の中には、こんな楽な仕事があるんだと驚いたのを覚えている。ただし、賞金3万円は仲間と飲み食いして、一晩で使い果たしてしまった。

この時点ではまだ私の頭に、映画俳優という選択肢はなかった。ボンヤリしていた焦点がようやく合ったのが、冒頭で述べた東映のニューフェイス募集のポスターを見た瞬間だった。

すでに私は体操選手としての夢を捨て、大学を中退してもいいから、何か自分を生かせる仕事をすべきだと考えていた。体操選手としての未来が見えなくなった今、これ以上、親の世話になるわけにはいかなかった。

ニューフェイス募集の話を高校時代の友人に相談すると、彼は私の背中を押してくれた。

「分かった。ぼくが応募用の写真を撮ろう。履歴書も書いてやるよ」

2人で千葉の鋸山《のこぎり》に出かけ、写真を撮影した。崖の上で逆立ちしている写真もカメラに収めた。

しかし、私はまだ自分に自信を持てないでいた。

「ホントに映画俳優なんかになれるのかなぁ」

「そんなの、やってみないと分かんないだろ」

そう言って、彼は写真と履歴書を東映本社に送ってしまった。それが生涯の親友、くしくも私と同姓の前田芳郎君である。彼のおかげで、私は無事、1次試験の書類選考を通過した。

ニューフェイス試験に合格、しかし……

私が東映のニューフェイス試験を受けた1959年と言えば、映画界は時代劇の全盛だった。この年、日本映画の配給収入1位を記録したのは片岡千恵蔵さん、中村錦之助さん、市川右太衛門さんら東映のオールスターが出演した次郎長もの『任俠中仙道』である。

海外では、黒澤明監督の『隠し砦の三悪人』がベルリン映画祭で銀熊賞（監督賞）と国際評論家連盟賞を受賞している。

外国映画では『ベン・ハー』のような大作や『リオ・ブラボー』をはじめとする西部劇がヒット

した。

　また、前年には映画館の入場者数が11億2000万人を突破。日本人1人が平均して年間10本以上の映画を観ていた計算になる。映画の黄金期とも言っていい時代だった。

　当然、映画俳優になりたいという人は多い。私が受けた第6期ニューフェイス試験の応募者は、実に2万6000人以上もいた。その事実を知ったのは合格後のことなのだが……。

　無事に書類選考を通過した私は演技やセリフ読みや面接のテストをしながら、2次試験から最終の4次試験まで進んだ。

　しかし、ズブの素人にまともな芝居ができるはずはなく、自信はまるでなかった。

　それでも、ひょっとしたら……と思ったのは3次試験のときだった。

　試験会場の東京・大泉にある東映撮影所の門をくぐると、私たち受験生が会場へと急いでいる様子を立ったまま、じっと見つめている人物がいる。

　なぜか私は、その人と目が合ってしまった。

「きっと東映のエラい人に違いない」

　そう思った私は軽く会釈した。

　案の定、その方は面接官の一人でもあり、山崎真一郎さんという当時の東映撮影所の所長さんだった。しかも、試験後、私は所長室に呼ばれた。

「君のように日体大から芸能界を目指すヤツは珍しいよ。おそらく初めてだ」

「日体大出身じゃ、ダメってことでしょうか？」

「そんな意味で言ったんじゃない。逆だ。いやあ、君は面白いね。たぶん、合格するよ。大丈夫だ」

私は半信半疑だったが、最終試験後に届いたのは正真正銘の合格通知だった。

しかし、問題はここからである。それまで何も言っていなかった父親を説得しなければならない。

案の定、東映ニューフェイス試験に合格したこと、そして映画俳優になるつもりであることを告げると、猛反対された。

今と違って、当時は俳優という仕事を良く思わない人は多かった。芸能界など、しょせん水商売。そんな世界に入るとは、とんでもないというわけだ。まして私の父は、かつては陸軍のパイロットだった人だ。

「おまえが体操選手として東京オリンピックを目指したいというから、俺は借金までして大学に行かせてやったんだ。それが、今になって芸能界に入りたいとは、何を考えているんだ。そんな不確かな、明日をも知れないような職業に就いて、どうする。やっていけるはずがないだろう。本気でそう考えているなら、ここを出ていけ！　もう帰ってくるな！」

要するに勘当である。

しかし、父にどんなに厳しく叱責《しっせき》されても、私の気持ちは変わらなかった。すでに自分が進むのは、この道しかないと腹をくくっていたし、それが我が家の窮状を救うことにもつながると考えていた。

だから、絶対に映画の世界で成功してやると強く心に誓った。

入社式を前に、私は自分が2万6000人の応募者のトップで合格したことを知らされた。

同期は女性が14名、男性が6名。この中には、その後、不慮の事故で亡くなった太地喜和子や、後に私が主催するJAC（ジャパンアクションクラブ）の重役を務めてもらった、親友の亀石征一郎もいた。

彼らを代表して私が入社宣言をすることになったのだが、その前に演技課長から忠告された。

「うちは東映だから。くれぐれも東宝と間違って言わないようにね」

どうやら過去に入社式で「東映」と「東宝」を間違えて宣言を読んだ新人がいたらしい。演技課長の目には、私も間違えそうなタイプに映ったのかもしれない。

絶対に間違ってはいけないと思いながら、今は亡き東映の大川博社長の前で入社宣言をしたのを昨日のことのように覚えている。

「第6期生ニューフェイス、女14名、男6名、これから東映にお世話になります。今後とも、よろしくお願いいたします！」

入社式を終えると、山崎真一郎所長が私のところにやって来た。

なんだろうと思っていると、私の芸名について切り出した。

「ちょっと考えたんだけど、おまえは千葉からやって来たんだよな。だから、姓は千葉にしよう。名は俺の名前から取って真一にしろ。千葉真一……。素晴らしい名前じゃないか」

こうして私の芸名は簡単に決まってしまった。反論の余地なしである。

運命とは、そんなものだろう。

入社試験の直前、山崎所長と目が合った瞬間から、すでに「映画俳優・千葉真一」の人生は始まっていたのかもしれない。

子どもたちが決めた初主演作

体操選手としてオリンピックに出場するという夢が破れ、お金を稼ぎたいという一心で飛び込んだ映画界ではあったが、もともと私は映画が大好きだった。

高校時代は厳しい体操のトレーニングに明けくれる一方で、こっそり映画を観に行くこともあった。

私がまだ10代だった1950年代と言えば、映画の黄金期。ハリウッドやヨーロッパでは、今も名作と呼ばれる作品が数多くつくられた。

日本映画も黒澤明、小津安二郎、溝口健二、衣笠貞之助といった巨匠たちの映画が国際映画祭で数々の賞に輝き、世界的な評価を得ていた。

私が好きなのは、たとえばゲーリー・クーパー主演の『真昼の決闘』（52年）や、アラン・ラッド主演の『シェーン』（53年）といった西部劇だった。

幸い、私が通う木更津第一高校のある木更津市には映画館が4館あった。しかし、毎日練習があるから、なかなか映画を観る機会はない。そこで考えたのが、夜10時頃から始まるレイトショーを観ることだった。

ただし、木更津から私の自宅がある君津への最終電車も夜10時頃なので、レイトショーを観たら、とてもじゃないが家に帰ることができない。そこで親には、木更津の友達の家に泊まると言ったのである。

だが、実際には友達の家には泊まらなかった。迷惑がかかるからだ。今だから言えるが、宿泊先は学校だった。

宿直に見つからないように、こっそり友達と教室に体操用マットを運び、そこで寝た。2人で映画を観て、ラーメンを食べて、学校の教室で寝る。そんなことが何回もあった。

もちろん、その頃は映画俳優になろうなどという気持ちは、さらさらない。いや、なれるとも思っていなかった。

しかし、映画はいつも鳥肌が立つくらいの感動を私にくれた。いつかは俺も、あんなカッコいいセリフを言えるような大人になりたい――そう思うだけで胸は高鳴ったものだ。

そんな高校時代の淡い憧れが、東映のニューフェイス合格へと続く糸をたぐり寄せたのかもしれない。

しかし、合格したからと言って、すぐに映画に出られるわけではない。

まず半年間、俳優座で演技を基礎から教わった。その後、京都・太秦にある京都撮影所と東京・大泉にある東京撮影所のどちらかに配属されるのだが、私は東京撮影所を希望した。

当時は京都に行けば時代劇、東京だったら現代劇がメインだった。時代劇も子どもの頃から大好きではあったが、自分の個性は時代劇より現代劇向きじゃないかと考えたのである。

デビューは思わぬかたちで舞い込んできた。

東京撮影所に配属されて3か月ほど経った頃だった。演技課の課長さんに呼び出されたのである。

「千葉、おまえ、テレビドラマに主役で出ることが決まったよ」

「えっ、主役ですか」

「今、波島進の主演で『七色仮面』（NET／現・テレビ朝日系）っていう子ども向け番組をやってるのは知ってるよな。その続編の『新　七色仮面』の主人公に若手俳優を起用することが決まり、それを探していたんだが、おまえでいくことにしたから」

私は深々と頭を下げて、お礼を言った。

「ありがとうございます」

「俺に、そんなにかしこまって礼を言う必要はないよ。だって、おまえに決めたのは俺じゃねぇんだから」

「えっ。じゃあ、誰が決めたんですか」

「子どもだよ、子ども。実は、10人の子どもたちに決めてもらったんだ」

演技課長の話は、こうだった。10人の子どもたちに『新　七色仮面』の主人公に誰が一番ふさわしいか、何人かの若手俳優の写真を見せたのである。その結果、10人のうち6人が私を指したというのだ。

なるほどと感心した。『七色仮面』と言えば、当時の子どもたちに大人気のヒーロー番組である。その子どもたちに、続編で主人公を演じる俳優を選ばせるというのは理にかなっている。まだデビュー前の新人俳優にとっては光栄な話だった。

「よし、絶対に、このチャンスを逃してなるものか」

その場で強く誓ったが、自信はまるでなかった。俳優座で研修を受けたと言っても、演技はズブの素人同然だ。経験豊かな諸先輩に混じって、はたして自分に何ができるのか。何を武器に勝負すればいいのか……。

考えあぐねた結果、閃光《せんこう》のように頭に浮かんだのは「俺には肉体しかない」というインスピレーションだった。

私にはオリンピックを目指して鍛えた、この肉体がある。肉体勝負なら、どんな俳優にも負けない。そう思って私は監督に申し出た。

「お願いです。危険なアクションも、すべて自分でやらせてください」

こうして、スタントマンによる吹き替え一切なしのヒーロードラマが誕生したのである。仮面を被り、マントをした姿でピストルを持って、2階から車に飛び乗るようなアクロバティックなシーンも全部、自分でこなした。器械体操での経験が生きたのである。そんなテレビドラマはそれまでなかった。

おかげでドラマの評判は上々だった。『新 七色仮面』は今でも変身ヒーローものの原点として高く評価されている。

深作監督との運命の出会い

私の主演デビュー作『新 七色仮面』の主人公は神出鬼没の私立探偵で、変装の名人でもある蘭《らん》光太郎。彼が悪の組織に立ち向かう勧善懲悪の物語なのだが、劇中で七色仮面が人を殺すことは一切なかった。

ピストルを撃っても威嚇か、銃弾が敵のピストルに当たる程度。あくまで相手の武器を飛ばすための銃撃であって、人を殺すことはなかった。

そのあたりは子ども向けの番組であることを、しっかりわきまえていた。

原作は『月光仮面』も手がけていた川内康範さん。川内さんの名を『君こそわが命』、『骨まで愛して』、『恍惚のブルース』、『おふくろさん』など、数多くのヒット曲を作詞した作家として知っている読者も多いだろう。

そういえば、１９８４年のグリコ・森永事件の際には週刊誌上で「私の財産1億２０００万円を提供するから、この事件から手をひけ」と呼び掛けて、反響を呼んだこともある。

少し話がそれたが、私のアクションは東映の撮影所内でも大変な評判となった。仮面を被って、これほどのアクションができる俳優は、日本中を探しても千葉真一以外にいないとまで言ってくれる人もいた。

当時の東映の大川博社長にも褒められた。

「おまえのアクションはすごいな。俺がにらんだ通りだ。過去に日本体育大学から映画界に入ってくるやつなんていなかったけど、おまえが、その先駆者となって頑張ってくれ」

私も自分の武器は誰よりも動ける、誰よりも危険なアクションができることだと再認識した。しかし、これが後に命取りにもなるとは思いもしなかった。

「千葉真一はアクション俳優」というイメージが、いつの間にか東映内では定着してしまったのだ。

『新　七色仮面』の次は、やはりヒーロー物の『アラーの使者』（NET系）。テレビでの仕事が続いたが、翌61年に、やっと映画初出演を果たした。それが54年にスタートした『警視庁物語』シリーズの中の一本、『警視庁物語　不在証明《ありばい》』だった。

これは後のテレビドラマ『七人の刑事』（TBS系・61～69年）や『特別機動捜査隊』（NET系・61～77年）の先駆けとも言うべき刑事物のシリーズで、24作も作られている。

この映画での私の役は若手刑事。大先輩である花沢徳衛さん演じるベテラン刑事とのコンビで捜査に当たるのだが、撮影中は徳衛さんの演技に勉強させられっぱなしだった。

『カミカゼ野郎　真昼の決斗』撮影現場にて。私と深作欣二監督

たとえば、物語の終盤、助けられなかった被害者への無念の心を抱いて歩くシーン。くたびれたコートのポケットに手を突っ込み、下を向いたまま、顔を上げずに歩いて行く。ただ、それだけの芝居なのに、私は鳥肌が立った。

どうしたら、こんな虚しさが滲《にじ》んだ芝居ができるのか……。私はカメラの後ろに立って、徳衛さんをじっと見つめ続けた。とにかく、その頃の私は良い役者の演技を見て、良いところは全部、盗むつもりで必死だった。

東映ニューフェイス試験に合格したといっても、実は、その中には親や親戚が芸能界にいるというケースは少なくなかった。私には、そんな親の七光りもコネもない。いうなれば雑草だ。雑草がこの世界で役をつかむためには、毎日、死にもの狂いで勉強しながら生きていくしかなかった。

『警視庁物語』シリーズには、その後も2作品に出た。

ちょうどその頃、東映の役員から声がかかった。

「全国の東映の系列館をあいさつして回り、千葉真一の名を売り込んでこい」

映画の全盛期である。東映には全国に100以上の系列映画館があった。まずは東京を皮切りに、関東から北陸、東北、北海道へと向かった。

どこへ行っても大歓迎だった。毎日、おいしいものを食べさせてくれるうえ、夜は夜で女の子のいる店にも案内された。北陸で食べた越前ガニや北海道で食べたウニなど、生まれて初めて食べる味だった。

当時、四畳半一間で暮らしていた身には、毎日が夢のようだった。

「役者って、こんないい仕事なのか」

東映に入った幸せを噛《か》みしめたものである。

北海道からいったん、東京へ戻ると、今度は関西、九州、沖縄と回ることになった。ところが、山口県に行ったところで、本社の宣伝課の人から連絡が入った。

「大至急、大泉撮影所に戻ってくれ」

しばらくは夢のような時間に浸っていたかったが、会社の命令に逆らうことはできない。私は急遽《きゅうきょ》、飛行機で帰京し、その翌日、撮影所に行った。

待っていたのは深作欣二監督だった。

「よう、千葉君。今度、『風来坊探偵』という映画を、俺が監督をすることになった。君には主人公を演じてもらう」

聞けば、深作さんは助監督時代から、ずっと私の演技に注目していたという。この作品が私にとっての映画初主演だったが、深作さんも、これが初監督作。お互い、記念すべき作品で出会うことになったのだ。

そして、このときはまだ、深作さんが私の映画人生を変えるほど大きな存在になるとは思ってもいなかった――。

腕のサイズの計測から始まった

私が映画に出演し始めた1960年代の東映は、プログラムピクチャーの全盛期だった。伝統ある時代劇は京都・太秦の京都撮影所で、若い世代をターゲットにした現代劇は東京・大泉の東京撮影所で製作。こうして作られた作品が毎週2本立てで公開されるというのが、その頃の興行形態だった。

会社としては、私を東京撮影所で作るアクション映画のスターに育てていく方針だったらしい。その記念すべき主演第1作が1961年公開の『風来坊探偵　赤い谷の惨劇』だった。

これまで数多くの監督の下で役者として仕事をしてきたが、私が最も尊敬するのが深作監督であり、深作監督がいなかったら、今日の私は存在しない。

そんな人と初主演作で出会ったのだから、とても偶然とは思えない。今でも目に見えない絆のようなものを感じる。

「千葉君、お互い頑張って、いい作品にしようじゃないか。ケガをしないように体を鍛えておいてくれよ」

そのときの監督の爽やかな笑顔は、今でもはっきり覚えている。

初主演作のために最初にしたのは、腕の長さを測ることだった。監督に、その意図を聞くと、私の腕のサイズに合わせてライフルを作るのだという。

折しも、スティーブ・マックイーンのテレビドラマ『拳銃無宿』(58〜61年)が日本でも高視聴率をマークしていた頃だ。

マックイーンが銃身の短いライフルをクルクルッと回して抜き撃ちする姿がカッコよく、若者の間で話題になっていた。

私にも、そんな射撃をさせたかったらしい。深作監督らしいこだわりである。

『風来坊探偵』の撮影は第1作の『赤い谷の惨劇』と第2作の『岬を渡る黒い風』(61年)が、ほぼ同時並行で行われた。映画の量産が義務づけられていた時代には当たり前のことだった。

私が演じる主人公の探偵の名は西園寺五郎。準主役の曽根晴美さんはジョーカーの鉄。映画ファンなら、もうお気づきだろう。『風来坊探偵』は日活の『渡り鳥』シリーズの向こうを張った無国籍アクション映画だった。曽根さんの名は明らかに、宍戸錠さんの当たり役「エースのジョー」を意識したものだ。

会社も「興行的に成功するなら、日活アクションのマネでいい」と考えていたようだった。しかし、実際に出来上がった映画は日活の『渡り鳥』シリーズとは似て非なるものだった。最も違うのは映画のリズムである。『風来坊探偵』は、とにかくテンポが早いのだ。私自身、初めて観たとき、

「えっ、これって30分の映画だったたっけ？」

と思ったのを覚えている。実際には1時間強の作品である。それが半分にも満たない感覚にさせられるのはテンポが軽快で、それだけ面白いからだ。まさに、深作映画の醍醐《だいご》味は第1作から顕著であった。

一方の『渡り鳥』シリーズは叙情的で、牧歌的。どこか、のんびりしたムードに映画全体が包まれている。どちらがいいとか、悪いとかを言いたいのではない。映画のタイプが、まるで違うということだ。

ただ、私は『風来坊探偵』のスピーディな展開とカラッと乾いたタッチのほうが、「無国籍アクション」という形容にはふさわしかった気がする。

初めて現場で接した深作監督の印象は、めちゃくちゃエネルギッシュで、とにかく元気で、明るい人。映画監督というより土木作業員、あるいは土木工事を仕切る現場監督といったほうがふさわしいほどだった。

しかし、しだいに撮影を重ねていくうちに、監督の頭の良さに唸《うな》った。どんな状況になっても臨機応変に対処し、脚本も、その場で自在に変更してしまう柔軟さがあった。しかも、その決断が早

いのである。

私は思わず、監督に聞いたことがあった。

「監督は東大出身ですか」

「デレスケが。俺が東大に行ぐわけなかっぺ」

ひどい水戸訛《なま》りで破顔した。深作監督は茨城県東水戸郡の生まれ。出身大学は東京大学ではなく、日本大学芸術学部である。

頭がいいだけではなく、助監督時代に学んだことなのか、現場の士気を高める術を心得ていた。

『赤い谷の惨劇』の浅間山ロケでは、こんなことがあった。セスナ機が墜落するという設定だから、実際に雪山にセスナを置き、オープンセットまで組んで撮影した。

ところが、撮影途中で雪が降り出し、景色がつながらないため、撮り直しになったのである。

役者もスタッフも落胆していると、深作監督は照明部が持っていたカッパを借りて、いきなり、その上に乗って子どものように雪上を滑り始めた。あげく、コブのところで大ジャンプだ。

これにまた一人、また一人と続き、結局、誰が一番遠くまで飛べるかを、みんなで競い合ったのだった。撮り直しで沈んでいた現場の空気が一気に和んだのは言うまでもない。

『風来坊探偵』は第1作も第2作もヒットし、東映社内における深作監督と私に対する評価も上がった。そして、2人のコンビによるアクション活劇『ファンキーハットの快男児』の製作が決まった。

“深作演出”の真髄に触れる

『ファンキーハットの快男児』（1961年）と、その続編『ファンキーハットの快男児　二千万円の腕』（61年）で私が演じたのは、派手なカンカン帽を被って外車を飛ばし、女の子にもモテる調子のいい男。その名も「天下一郎」。天下探偵事務所の所長の息子にして、今は車のセールスをしているという設定だ。

それまでの日本映画になかったキャラクターで、後に深作監督が第1話と第2話を撮ったテレビドラマ『キイハンター』（TBS系）の原型と見る人もいる。

注目すべきは、この作品からカメラマンを若い内田安夫に代え、手持ちカメラによる撮影を多用したことだろう。深作監督が臨場感ある映像をつくりたかったのは明らかで、これが12年後の『仁義なき戦い』のカメラワークへとつながっていくわけだ。

深作監督十八番のアクション映画だから、当然、カーチェイスのシーンも用意されていた。ところが、当時の私は車の免許を持っていなかった。

にもかかわらず、深作監督は私に車を運転させたのである。しかも車の荷台をすべて取り払い、そこに監督とカメラマンと助手の3人が乗って撮影するという危険な方法を採用した。撮影の直前になり、初めて私に確認してきた。

「ところで、千葉ちゃんよ、おまえさん、車は運転できるんだっけ？」

「NO」と言えるはずがない。

「免許はありません。でも、運転は大丈夫です」

「よし、分かった。じゃあ、ガーッと行こう！」

私は監督の期待に応えようと、勢いよくアクセルを踏み込んだ。しかし、あまりの急発進だったため、車から全員が落下した。

「おまえなぁ、スタートのときくらい、もう少し静かに出せよ」

怒るどころか、笑っている。撮影終了後、みんなで一杯やった際にも落下事件は酒の肴《さかな》にされた。

「千葉ちゃん、あのときは俺たちが落ちたのに、まるで気づかず、車を飛ばしていったよな」

誰よりも深作監督がうれしそうなのだ。深作欣二とは、そんな人である。ホンモノの映画人だった。

わずか1年の間に、私は深作監督と4作連続で仕事をした。監督の現場を体験して分かったのは、監督が持っているリズムが私にピッタリ合っていることだった。

たとえば、監督は早口である。それは映画のリズムにも通じていて、体操をやっていた私は非常に心地よかった。

新米役者の私は現場で起きることすべてが勉強だと思って、自分が出演していないときも、監督の後ろで撮影を見させてもらった。

「よ～し、行くぞ！」の元気なかけ声で始まる深作組の撮影現場は、ちょっとしたお祭り気分だ。

見ているだけでワクワクした。

そして、徐々に、監督の演出と役者の演技のリズムが同調しているかどうかが分かってきたのである。

「あの俳優、ちょっとリズムが合っていない。もう1回、撮るだろうな」

こうした読みが、ことごとく当たった。要するに、監督のリズムと私が感じるリズムがシンクロしているのだ。それは、私の演技のリズムとして肉体に刻み込まれていった。

今、考えれば、いつの間にか、役者として鍛えられていたわけである。

深作監督は役者の演技に関しては、よほどのことがない限り、うるさいことを言わなかった。細かな注文をつけないどころか、たいていは役者任せなのだ。

後年、私はその理由を、監督と酒を酌み交わしながら尋ねたことがある。

「ぼくは監督の作品に出たときが一番、緊張しません。あがらないんです。好きなように芝居させてもらっていると言ってもいいかもしれません。それは監督を信頼しているからできることなんですが、他の監督はああしろ、こうしろと、さまざまな注文をつけてきます。監督はなぜ、それをしないのですか」

深作監督の答えはいたって明快だった。

「千葉ちゃん、俺はね、役者が現場に持ち込んでくる演技というものを信じているんだよ。俺が自分の映画に起用するような役者は、みんな、それぞれに俺の想像を超えた、すごい芝居を持ってくる。なるほど、そう来るのか、よし、これもアリだなって思うことが、しょっちゅうなんだ。だから、俺はまず役者の芝居を見せてもらう。それを俺はしっかり受け止め、映像をつくっていく。よく深作演出は大胆だなんていわれるけど、俺は君たちから芝居の力を授かっているだけなのさ。よほど下手な芝居をしない限り、うるさいことは言わないよ」

監督と役者の理想の関係が、そこにはあった。監督が役者を信じているから、役者は存分に力を発揮でき、それがフィルムに焼きつけられていく。つまり、深作監督は、役者が存分に力を発揮できる現場をつくってくれる監督だった。

そのような関係の中から生まれたのが、後の『仁義なき戦い　広島死闘篇』(73年)や、『柳生一族の陰謀』(78年)、『魔界転生』(81年)といった傑作の数々である。

私は、そんな素晴らしい映画監督と20作近い映画で一緒に仕事ができたのだから、幸せというしかない。

血まみれで暴れた室田日出男さん

深作欣二監督の下で初めて芝居をした『風来坊探偵　赤い谷の惨劇』には忘れられない思い出がある。それは、先輩俳優の室田日出男さんがロケ先のホテルで引き起こした事件だ。

室田さんは北海道小樽市の出身。東映の第4期ニューフェイスだから、6期生の私にとっては2

期先輩に当たる。

同期には山城新伍さん、曽根晴美さん、佐久間良子さんらがいる。

私も室田さんとは『風来坊探偵』以前にも何度か共演はしていたが、ちゃんと話をする機会はほとんどなかった。というのも大酒飲みの室田さんに対し、その頃の私は、まったく酒を嗜《たしな》まなかったからだ。

室田さんといえば、酒癖の悪さでは東映社内でも名が通っていた。ニューフェイス試験に合格するくらいだから、もとは二枚目だったのに、酒を飲んでのたび重なる喧嘩《けんか》が原因で、顔が崩れてしまったという噂さえあったほどだった。

そんな先輩と一緒に飲むことになったのが、『風来坊探偵』のロケ地・浅間山の麓にある有名な和風のホテルだった。

室田さんは深作さんに抜擢《ばってき》されたのが、よほどうれしかったのだろう。現場入りした最初の夜、主役の私と準主役の曽根晴美さんが泊まる部屋にやって来て、

「さあ、一杯やろう」

と、上機嫌でグラスにビールを注ぎ、飲み始めたのである。

余談だが、私はこのとき、生まれて初めてビールを飲んだ。というより初のアルコール体験で、数杯飲むのが精いっぱいだった。

それから数日後のことだった。ロケが終わり、監督以下スタッフと私や曽根さんは、長野市にあ

る東映直営館までラッシュ（撮影途中の未編集のフィルム）を見に行ったのだ。

マイクロバスでホテルに帰って来ると、なんと玄関のガラス戸が無残に割れている。さらに玄関前の白い雪は血で真っ赤に染まり、その先には血まみれの室田さんが倒れていた。

スタッフは恐怖からなのか、足がすくんでいる。私と曽根さんが近づくと、室田さんが酔って叫んでいる声が聞こえてきた。

「おい、曽根〜。てめぇ、なんで、ここにいねぇんだ。もっと早く帰って来いよ、チキショー！」

曽根さんはすぐに暴れる室田さんを必死で押さえつけようとしたが、簡単に跳ね飛ばされてしまった。室田さんはあの通り、180センチを超える体躯《たいく》だ。喧嘩で鳴らした腕力もある。

「千葉、頼むよ。おまえも手を貸してくれ」

こうして曽根さんと私は、室田さんを無理矢理、羽交い絞めするようにして車に乗せ、病院まで運ばなければならなかった。

病院のベッドに寝かせてからが、また大変だった。全身をガラスで切っているため、何か所も縫わなければならないのだが、大量の酒を飲んでいるせいで麻酔が効かない。

とてもじゃないが、看護婦さんの力だけでは暴れる室田さんを押さえられない。結局、縫合が終わるまで、曽根さんと私が室田さんの巨体を押さえるしかなかった。

ホテルに戻ったときには午前3時を回っていた。

「痛ぇよ、痛ぇよ、助けてくれ〜」

うめき続ける室田さんを、なんとか寝かしつけた頃には、しらじらと夜が明けようとしていた。怒り心頭だったのが深作監督である。

「こんなバカはいらねぇ。すぐに東京に返せ！」

結局、室田さんは出番のないまま無念の降板となり、東映では、しばらく仕事を干されることになった。

しかし、深作さんは人情と思いやりの人である。室田さんの役者としての力量も認めていた。だから、5年後に自身の監督作『脅迫《おどし》』（1966年）に起用。これをきっかけに、室田さんは名バイプレーヤーとしての地位を築いていったのである。

当時、深作さんが撮影現場で、室田さんを前に、執拗《しつよう》に説教しているのを耳にしたことがある。

「俺は、おまえが役者としてホントにいいものを持っていると思う。それを生かしたければ、酒は控えろ。酒癖の悪ささえなければ、おまえは役者として、もっと伸びるんだから」

私がそうであったように、室田さんもまた深作欣二という偉大な監督に出会うことで、役者人生が大きく変わった一人だ。

その後、私は室田さんとは数多くの作品で共演をした。

人気テレビドラマ『キイハンター』では室田さんは常連の悪役俳優だったし、映画も『仁義なき戦い　広島死闘篇』、『けんか空手』シリーズ（75〜77年）、『柳生一族の陰謀』（78年）、『魔界転生』といった数多くの作品で一緒に仕事をさせていただいた。

アクション俳優のレッテル

『ファンキーハットの快男児』以降、私が深作監督の下で仕事をする機会は訪れなかった。

理由は簡単である。

深作監督の東映東京撮影所における評価が高まり、次々に大物スターの主演作を撮るようになったのだ。

たとえば『ギャング対Gメン』（1962年）や『誇り高き挑戦』（62年）は鶴田浩二さん主演、『ジャコ萬と鉄』（64年）は高倉健さん主演、『脅迫』は三國連太郎さんの主演だ。

深作監督は、とにかく映画監督としての才能は群を抜く人である。しかも、現場は面白い。いつも大声で叫んでいるし、殺陣も自ら刀を振りかざして手本を見せる。そして、今、ここで演出していたかと思えば、猛スピードで走って行って、スタッフを叱咤《しった》する。そうした現場の臨場感が、そのままダイナミックな映像となって実を結ぶのである。

東映の男優、女優を問わず、深作映画に出たいと思う役者は多かった。私のような新人に毛が生えた程度の役者の主演作から縁遠くなるのも当然だった。

深作監督は1930年生まれの戦中派である。中学3年のときには勤労動員により兵器工場で働いた。しかも終戦の1週間前にはアメリカ軍の艦砲射撃で工場は破壊され、死体の後片づけに従事しなければならなかったという。

戦後は水戸一高を卒業すると上京し、日本大学芸術学部に入学。東映の東京撮影所の助監督になったのは53年。私が東映のニューフェイス試験に合格する6年前のことである。

前にも書いたように、監督デビュー作は私の主演した『風来坊探偵　赤い谷の惨劇』。8年間の助監督生活を経て、この作品で映像作家としてのエネルギーと才気を爆発させると、東映にとって欠かすことのできない売れっ子監督の道を歩み始めたのである。

一方、私は望むと望まざるにかかわらず、アクション映画の出演が続いた。

テレビドラマ『新　七色仮面』や映画『風来坊探偵』で見せた激しいアクションは、それほど強烈な印象を与えたようで、私はすっかりアクション俳優のレッテルを貼られてしまったのだ。

当時の出演作には『柔道一代』シリーズ（63〜64年）のような柔道映画や野球映画の『白い熱球』（63年）もあれば、歌謡映画の『こまどりのりんごっ子姉妹』（63年）もある。

折りしも東映は健さんや鶴田さんの任侠映画の全盛。会社としては、任侠映画には私の個性は合わないと判断したのだろう。では、どんな映画がふさわしいか……。俳優・千葉真一の売り方を模索していた時期だったのかもしれない。

余談だが、『白い熱球』には元巨人の柴田勲さんが出ている。この事実を知っている人は、よほどの映画通か、野球ファンだ。

柴田さんといえば赤い手袋でおなじみの、V9巨人を支えた盗塁王だが、法政二高時代は3度甲子園に出場している。『白い熱球』は私が演じる主人公が甲子園に出場するまでを描いた青春映画。

甲子園で投げている実景に、柴田さんの投げる姿を使ったのだ。

エースの私がボールを持ってプレートで構える。そして、カメラが引くと、柴田さんが投げる映像に切り替わる。予算の問題があり、超満員の甲子園で私が投げるシーンを撮るわけにはいかなかったのだ。そこでニュース映像を買って、映画に使用したのである。

数年前、柴田さんに、その話をすると驚いていた。

「へ〜え、初めて知りましたよ。私が千葉さんの映画に出ていたとは。でも、千葉さんと共演できたんだから光栄です」

思えば、映画の黄金時代だった。我が東映も「東映フライヤーズ」というプロ野球の球団を持っていた。悪役商会のリーダーとして知られる八名信夫さんは元東映フライヤーズのピッチャー。ケガで引退を余儀なくされ、東映の専属俳優となったのだ。

さて、私と深作監督の話である。当時の私の頭にあったのは、とにかく、もう一度、深作監督と仕事をしたいという強い思いだった。それも、できることなら、私の主演作でメガホンを取ってほしい。

私のキャラクターを理解し、それを生かしてくれるのは深作さんしかいない。それが私の偽らざる気持ちだった。

思い余って深作監督に直訴したこともある。

「早く監督と一緒に仕事をしたいです。なんとかなりませんか」

「俺も気持ちは同じだよ。でもな、俺が撮るときは千葉ちゃんのスケジュールが空いてないんだよ」

こうして『風来坊探偵』から5年が過ぎた66年、私の希望がやっとかなった。それが『カミカゼ野郎　真昼の決斗』だった。

この日本と台湾合作映画の企画を私のところに持ってきたのは、にんじんプロダクションの若槻繁さんだ。若槻さんは女優の岸惠子さん、久我美子さん、有馬稲子さんが設立した「文芸プロダクションにんじんくらぶ」で代表を務め、にんじんくらぶ倒産後、新たに、にんじんプロダクションを立ち上げたのだった。私は企画書を読み終えるや監督は深作さんしかいないと思った。

さっそく深作さんにお願いをすると、二つ返事で快諾していただいた。

憧れの高倉健さんとの共演

1966年の日本映画で配給収入1位に輝いたのは、高倉健さん主演の『網走番外地　大雪原の対決』である。

往年の映画ファンなら一度は観たことのある人気シリーズが始まったのは、前年の65年のことだった。これが空前の大ヒットとなり、3年間にシリーズ10作品を数えることになったのである。

この年も『大雪原の対決』以外に『荒野の対決』、『南国の対決』の2作品が公開され、いずれも配給収入のベスト10入りを果たした。その頃の高倉健さんと『網走番外地』の人気が、いかにすさまじいものだったか、お分かりいただけるだろう。

しかも、当時、健さんは『網走番外地』以外に『日本侠客伝』（64〜71年）と『昭和残侠伝』（65〜72年）という2つの東映のドル箱シリーズに主演しており、多忙を極めていた。

そんな健さんに、私は自分が主演する『カミカゼ野郎　真昼の決斗』に無理を承知で出てもらおうと考えた。私にとっては久々の、そして待望の深作欣二監督作品である。その映画に憧れの人である健さんに出てもらえるのなら、これ以上うれしいことはない。

さっそく東京撮影所の健さんの部屋に行き、頭を下げてお願いした。

「分かった。1日だけ時間をくれ。本（シナリオ）を読んでみるから」

翌日、健さんから電話がかかってきた。「今すぐに俺のところに来い」と、例のぶっきらぼうな調子である。私は、てっきり断られるものと思った。

部屋に入ると、健さんがニヤニヤして私を見ている。

「千葉、いいよ。出ることに決めたよ」

思わず、うれしさのあまりその場で飛び上がりたいほどだった。私が主役で、健さんが脇で私を支えてくれる。こんな夢のような映画が実現するとは想像だにしなかった。当時、私が27歳、健さんが35歳である。

健さんとの思い出は尽きない。東映の大先輩俳優である健さんのところに初めて挨拶に行ったのは、私が子ども向けのヒーロードラマ『新　七色仮面』に出ている頃である。

貧乏な私はスーツなど買えないため、その日も、いつも通り学生服だった。

「千葉、時間はあるよな。一緒に飯に行こう」

と、夕食に誘っていただいたのだ。

それから数日後、健さんの部屋に呼び出された。緊張して直立不動でいる私に、健さんは言った。

「千葉、おまえも最近は取材を受けたりすることがあるんじゃないか」

「はいっ、その通りです！」

「じゃあ、さすがに学生服はまずいだろう。いくら安月給とはいえ、おまえも東映の看板を背負った主演俳優の一人なんだから。これを着てみろ」

そう言ってチャコールグレーのスーツを2着、ポンとくださったのだ。

袖を通してみて、新品同然なのは、すぐに分かった。健さんの思いやりに感激し、思わず涙が出そうだった。

「こんな高価なスーツをいただいていいんですか」

「いいに決まってるよ」

2着とも擦り切れるほど着た。しかし、捨てずに今も持っている。私にとっては永遠の宝物だ。

この頃から私は、自分の撮影がないときは、健さんの押しかけ付き人のようなことをさせてもらうようになった。健さんは、仕事に対して極めてストイックに向き合った。自分に対し、どこまでも厳しくなれる人だった。だから、そばにいるだけで、俳優としても人間としても勉強になることばかりだった。

念願の健さんとの共演作『カミカゼ野郎　真昼の決斗』は、ほとんどの撮影が台湾で行われた。

私の役は殺人事件の容疑者にされてしまうパイロット。正体不明の敵と追いつ追われつの攻防を繰り広げながら、事件の真相を解明していくという冒険活劇である。もちろん、私ならではのアクションシーンは至るところに用意されている。

一方、健さんの役は事件の秘密を探ろうとする新聞記者。超多忙の合間を縫って、台湾の撮影にも参加してくれた。ロケがない日は朝のジョギングから夕食まで、終日、健さんにつきあった。

「何を食べましょうか」

「もちろん、中華だよ」

健さんは、とにかく中華が好きだった。中華食べたさに、この映画に出てくれたのかと思ったほどだ。

一度、2人ともメニューを見ただけでは何の料理か分からないことがあった。健さんが自分の勘で頼んだ料理が出てきた。

「うん、イケる。千葉、おまえも食べてみろよ」

うれしそうな顔で健さんが店の主人に何の料理かを確かめてみたところ、なんとカエルの料理だった。

「千葉、ピョンピョンだよ、ピョンピョン」

茶目っ気たっぷりの表情でカエルを食べる健さんの顔が、今も忘れられない。

1年後、私は再び、自分の主演作に出てほしくて健さんにお願いに行った。

「もうダメだな。千葉、調子に乗んなよ（笑）」

あっさり断られてしまった。考えてみれば、健さんのようなスターが何度も脇役で映画に出るはずがないのだ。

思えば『カミカゼ野郎』は、私の主演作で健さんに出てもらった唯一の映画である。

健さんに惚れた男たちの「野郎会」

武士道について書かれた『葉隠』という書物の存在は、ご存じだろう。

佐賀藩士の山本常朝が隠居後、主君に奉仕する武士の心得を後輩に向けて述べたもので、「武士道といふは死ぬことと見つけたり」の言葉は、あまりに有名だ。

しかし、「死ぬことと見つけたり」とは何も死を美化するための言葉ではない。「腹を据えて、死ぬ覚悟で仕事にあたれ」というのが本当の意味である。

そんな生き方を身を持って示したのが、私が心酔した深作欣二監督であり、高倉健さんだった。

映画の世界で2人のサムライに出会えたのは、今さらながら幸運だったと思う。

同じサムライでも、深作監督と健さんではタイプがまるで違う。

深作監督が巧みに配下の武士のやる気を引き出しながら、大きな事業を成し遂げてしまう豊臣秀吉だとすれば、健さんは信じる道を真っすぐ、愚直に突き進む上杉謙信に近いと言えるかもしれない。

健さんは私に人としても俳優としても、さまざまなことを教えてくれた。

『網走番外地　南国の対決』（1966年）で沖縄ロケに行ったときのことだった。

私は船の上から海に落ちるシーンを演じた。当然、全身ズブ濡れである。ところが、そのまま近くの船着き場に下ろされると、スタッフからは

「すいません。ここからはタクシーでホテルに帰ってください」

と言われたのだ。そのままではタクシーに乗れない。しかたなく、服が乾くのを待って、タクシーを呼ばなければならなかった。

その夜、思わず健さんに愚痴をこぼした。健さんは私を諭すように言った。

「本当は、誰かが送ってやるべきだった。でもな、千葉、撮影現場は時間もなければ、人手も足りていなかったんだ。どうしようもなかったんだよ。そう思って、我慢しろよ」

健さんの言う通りだ。私は自分の甘さを恥じた。

映画製作において最優先されるべきは何か。それは撮影が滞りなく進行し、作品が完成することである。

もし、健さんが私と同じような境遇に置かれたら、おそらく、ビショ濡れの格好でホテルまで歩

いて帰ったのではないか。健さんとは、そういう人である。

そんな健さんを慕ったのは、私だけではない。

健さんとは同じ明治大学出身の山本麟一さん、今井健二さん、さらに室田日出男さん、梅宮辰夫さん、山城新伍さん、曽根晴美さん、谷隼人、小林稔侍……。こうした健さんの人柄に惚れた男たちが集まって作ったのが「野郎会」だった。

グループ名は男を意味する「野郎」と、何かを「やろう」というのを掛けたもので、1か月に1回程度集まっては野球をやったり、旅行に行ったりした。

一応、会費のようなものはあったが、ほとんどは健さん持ち。幹事は持ち回りだった。山城新伍さんが幹事を担当し、上野で花魁《おいらん》を集めて、いわゆる〝お大尽遊び〟をしたこともある。酒も飲まない健さんがニコニコしながら参加してくれたのが、うれしかった。

健さんが幹事をして、今で言うところの風俗店に行ったこともあった。

「ほら、みんなで女郎屋に行ってこい。金は俺が面倒見てやるから」

「女郎屋」とはずいぶん古臭い言葉だが、いかにも健さんらしい。

ただし、健さん自身は行かない。当時は江利チエミさんと結婚しており、そうした遊びは健さんの主義には反したのだろう。

つまり、自分を慕ってくれる後輩を楽しませたかったのだ。

ところで、当時の東映には高倉健派と鶴田浩二派という2つの派閥が存在した。鶴田浩二さんがかわいがったのが、たとえば松方弘樹ちゃんだった。

昔から「両雄並び立たず」という諺《ことわざ》があるが、健さんと鶴田さんが、まさにそんな関係だった。ともに東映の任侠映画を支えた看板俳優であり、数多くの映画で共演した。しかし、ソリは合わなかった。私も、2人が仲良く食事をしている光景を見たことがない。

2人の共演作に、私も出演したときのことだ。

任侠映画の辣腕プロデューサーとして知られる俊藤浩滋さんが、健さんを昼食に誘ったのである。健さんの付き人と私も同席した。健さんと俊藤さんの話は弾み、撮影開始時刻が近づいても終わりそうにない。

「そろそろ時間ですが……」

私が言っても、俊藤さんは平然としている。

「まだ大丈夫だよ」

結局、健さんと私は鶴田さんが待つ撮影現場に大幅に遅れて入り、周囲のスタッフが大慌てで健さんに衣装を着せた。

すぐに撮影が始まり、私と鶴田さんの絡みのシーンに入った。すると、鶴田さんは、いきなり私の足を蹴飛ばした。「痛っ」と思ったが、声に出せない。健さんを見ると「我慢しろ」という目をしている。

まだ駆け出しだった私は鶴田さんを恨んだ。

「なんて意地悪な人なんだ」

しかし、映画の世界は仲良しクラブではない。慣れ合うより、ときには理不尽なほどの厳しさがあっていい。ライバルが鎬《しのぎ》を削るとは、そんな一面もあるのだ。鶴田さんに蹴られた足の痛みは、今は良き思い出として記憶に残っている。

健さんと私の共通点

私が尊敬し、心酔し、ずっと憧れ続けた高倉健さんが鬼籍に入り、早いものですでに7年になる。いまだに役者としても、人間としても、健さんの足元にも及ばないが、健さんと私には共通点がある。

それは健さんも私も、役者を目指していたわけではなく、たまたま縁があって、この世界に入ったことだ。

健さんは1931年に福岡県の遠賀川流域の炭鉱町・中間市に生まれた。このあたりは俗に「川筋」と呼ばれ、日本一荒っぽい土地柄として知られる。健さんのお父さんは海軍上がりで、炭鉱の労務管理をされていた。地元の宮相撲の横綱を張っていたくらいだから、腕力自慢の川筋者だったのは間違いない。

お母さんは元教師で、教育熱心。とても厳しい人だったと聞いている。

健さんが父親の血を強く受け継いでいるのは明らかで、中学ではボクシングに励み、大学では相撲部に入った。当然、喧嘩も強かっただろう。

一方で健さんは英語が得意で、将来は貿易商になるのが夢だった。しかし、明治大学商学部を卒業後、気に入った会社への就職がかなわず、一度は九州の実家に戻り、お父さんの仕事を手伝っている。

だが、そのまま田舎に埋もれてしまうのが嫌だったに違いない。東京に好きになった女の子がいて、彼女と一緒になるために上京。ところが、有り金を使い果たし、布団まで質に入れなければならなかった。

転機は思わぬかたちで訪れる。

知人のツテで美空ひばりさんの所属する芸能プロダクションに就職するため、喫茶店に面接に行くと、そこに居合わせたのが東映専務のマキノ光雄さんだったのだ。

マキノさんに「俳優をやってみないか」と声をかけられ、これが健さんの役者人生の出発点となったのである。

私も体操選手として東京オリンピックに出場するのが夢だった。しかしケガで挫折し、絶望していたときに東映のニューフェイス試験を告げるポスターを駅で見たのである。それが役者稼業の出発点だった。

さらに、健さんと私の共通点に空手がある。

健さんは55年に東映に入社すると、いきなり映画に主演デビューを果たしたのである。その映画というのが、沖縄を舞台にした『電光空手打ち』だった。学生時代にボクシングや相撲といった格闘技をしていた経験が買われてのことだったようだ。

私が『殺人拳』シリーズや『地獄拳』シリーズなどの、一連の空手映画に主演したのは、その約20年後のことである。

しかも、こうした一連の空手映画は、アメリカでも注目を集め、興業的にも大成功を収めた。私のアメリカでの芸名〝サニー千葉〟は全米で知れ渡ることになった。そして、このときの実績と評価が、さらに20年後、私が俳優活動の拠点をロサンゼルスに移すことにもつながっていったのである。

健さんもまた、得意の英語力を生かし、早い時期から海外に活躍の場を求めてきた俳優である。1974年の『ザ・ヤクザ』でハリウッド進出を果たすと、その後も『ブラック・レイン』（89年）、『ミスター・ベースボール』（93年）といった、話題のアメリカ映画に出演した。

晩年には中国映画『単騎、千里を走る。』（2005年）に主演した。振り返れば、私は健さんの後を追いかけていたような気がする。

健さんのご両親が当初は役者稼業を良く思わなかったように、陸軍のパイロットだった私の父も映画界入りには激しく反対し、ついに私は勘当もされた。

しかし、テレビや映画における私の活躍を見て、少しずつ態度を軟化させ始めたのである。近所の人たちの間で私のことが話題になり、それが耳に入ったらしい。

「おたくの息子さん、最近、活躍されていますね」

「テレビ、見ました。カッコよかったですよ」

やがて千葉にある実家に呼ばれ、数年ぶりで勘当は解かれることになった。

それでも父は酒を飲みながら、私に憎まれ口を叩くことを忘れなかった。

「おまえ、まだまだ芝居が下手くそだよなぁ。見ていて、こっちが恥ずかしくなるよ。仮にも主役を張っているんだから、もっと、精進しないとダメだぞ」

翌朝、私が目覚めると、半紙に筆で書かれた文字が枕元にあった。

振り下ろす
太刀の下こそ地獄なれ
身を捨ててこそ
浮かぶ瀬もあれ

気になって後で調べてみると、詠み人知らずの剣道の歌であるようだった。その意味は「命を捨てる覚悟さえあれば、活路は開ける」といったところだろうか。

ちょうど、私がスタントマンなしで危険なアクションに挑み、テレビや映画で注目を集め始めた時期だった。父は私に、「どんな窮地にあっても無心になり、自分を信じて前を進め」と伝えたかったのだと思う。

この言葉は私の宝でもある。これまで大切な人にサインを頼まれたときに、幾度となく書いてきた。

男なら中途半端な辞め方はするな！

私は映画俳優を自分の天職と思っているが、生涯でたった一度だけ、この仕事を辞めようと、本気で考えたことがある。

私が入社した頃の東映というのは、組合活動がかなり盛んだった。何時間残業しても、それに見合う報酬を会社が払おうとしないため、社員が団結して闘っていたのである。

まして、当時の東映は他社と比べても興行成績は良かった。だから、もっと給料を上げろというわけである。私も、こうした組合の主張を十分理解していたつもりだ。

しかし、映画というのは監督と、その下で働くスタッフ、さらに役者たちがいい作品を作り上げるために一つにならなければいけない。撮影時間など細かな労働条件を最優先していたら、それまでの努力が水泡に帰すこともあるのだ。

私が主演した、ある映画のロケでのことだった。

夕方になった時点で、あと2~3カット残っていた。私を含め役者も気分が乗っているし、監督も、その気でいる。陽が落ちるまで撮り終わることは十分に可能だった。ところが、組合活動に熱心だったスタッフの一人が口を挟んだ。

「はい、5時になりました。撮影は終わりです」

私は、すぐに抗議した。

「えっ、なぜですか。もうすぐ終わるんだから、撮らせてくださいよ」

しかし、その組合員は「規則だから」と譲らない。

「この空気がお分かりでしょう。規則、規則じゃ、いい絵は撮れませんよ」

私は懸命に説明したが、結局、その言い分が受け入れられることはなかった。

翌日、撮影所内のセットで撮影していたら、組合の委員長がやって来て私に釘を刺した。

「組合の規則に、俳優がいちいち文句を言うもんじゃない」

私も黙って引き下がるつもりはなかった。

「組合の決まりは、ぼくも理解しています。でも、大事なシーンだから、少しだけ融通を利かせてほしかっただけです」

「とにかく組合の方針に反することは許さない。厳に慎みなさい」

そんなやりとりが続いたが、埒《らち》が明かない。私は撮影の邪魔になってはいけないと思って、委員長を外に引っ張り出そうとした。

ところが運悪く、彼はドブに落ちてしまった。結果的にはこれが大問題となり、組合内では「千葉をクビにしろ」の大合唱が起こった。

「じゃあ、こっちから辞めてやるよ」

映画界に幻滅した私は半ば、覚悟を決めた。

高倉健さんが「俺の部屋に来い」と言ってくれたのは、その数日後だった。

「おまえ、組合とやり合ったんだってな」

「はい」

「辞めて、どうするんだ？」

「何も決めていません」

「男なら中途半端な辞め方をするなよ。最後までやったら、どうだ。本当にもう役者をやる気はないのか」

健さんは、まるで私の気持を見透かしているようだった。

しばらく間を置いて、私は答えた。

「やる気はあります。本当は最後までやりたいです」

「分かった。だったら、俺について来い」

そう言って、健さんは私と一緒に社内の各部署を回り、一人一人に頭を下げて謝ってくれたのだ。

最後に訪れたのは撮影所長のところだった。

「今回は、ご迷惑をおかけしました。本当に申し訳ありませんでした」

「まぁ、あまり事を荒立てないでくれよな」

怒っている様子は、まるでなかった。

当然である。撮影所長はいつも組合にはやられっ放しなので、心の中では私の肩を持ってくれていたに違いない。

一通り撮影所内での挨拶を終えると、再び健さんの部屋に戻った。健さんは自ら淹《い》れたコーヒーを差し出しながら、私を諭した。

「俺だって頭にきて人を殴りたいと思うことはあるさ。でも、やったら負け。やるときは、ここを辞めるときだと思え。おまえは俺に辞めないと約束したんだから、これからは我慢しろ」

さらに健さんの胸を打つ言葉は続いた。

「おまえのやったことは間違っていないよ。俺も同じことをしたかもしれない。でもな、ケツまくるときはタイミングと場所が肝心なんだ。千葉、それだけは心に刻んでおけよ」

このとき、健さんに救われなかったら、私はこうして60年以上、役者を続けられなかっただろう。

ところで、私の役者人生を支えてくれた大事な人が、もう一人いる。

高校時代の親友・前田芳郎君だ。私の映画界入りを後押しし、ニューフェイス試験の履歴書を送ってくれた彼である。

私は運よく東映に入社できたが、常に金欠だった。というのも、東映からの給料は1か月800

0円。そこから家賃3000円を払い、定期代や食費を差し引くと、いくらも残らない。

そんな私に救いの手を差し伸べてくれたのが前田君だった。条件のいい会社に就職した彼は、毎月のように自分の給料から3000円ほどを送り続けてくれたのだ。

悲しいことに、その前田君が2年前に交通事故で亡くなった。

健さんと前田君なくして、今日の俳優・千葉真一はいない。私は、つくづく人に恵まれたと思う。

高倉家で食べた絶品のお茶漬

私が酒を飲むようになったのは東映に入社し、映画で主演を務めるようになってからである。高校、大学ではオリンピック代表を目指して体操一筋。とてもじゃないが、未成年飲酒など考えたこともなかった。酒に関しては、すこぶる奥手だったのだ。

しかし、知っての通り、昔の東映という会社には、良く言えば個性派、悪く言えば不良の匂いをプンプンさせた男優がそろっていた。

文ちゃん（菅原文太）、辰ちゃん（梅宮辰夫）、新伍ちゃん（山城新伍）、弘樹ちゃん（松方弘樹）、拓ホン（川谷拓三）、山本麟一さん、今井健二さん……挙げればきりがないほどの酒好き、酒豪がいたのである。

しかも、その中には室田日出男さんのように、酒が入ったらもはや誰も止められないほどの酒乱もいた。

こうした仲間と仕事をしていれば、よほどの下戸でもない限り、酒を覚えるのは当然である。いつの間にか、私も一人前の酒飲みになっていた。

敬愛する深作欣二監督も酒はめっぽう強いほうで、監督と一献傾けながらの映画談義は、このうえなく楽しいものだった。

しかし、こんな男たちに囲まれた環境にいながら、一切、酒を飲まなかったのが高倉健さんである。

もともと酒を飲まなかったわけではないらしい。では、なぜ飲まなくなったのか。その理由は諸説ある。昔、酒に酔ってタクシーの運転手を殴ってしまったことがあり、以来、飲まなくなったと人づてに聞いたことがある。

あるいは明治大学の学生だった頃、仲間と飲みに行った際に、酔った一人が不祥事を起こし、それをきっかけに酒に対する認識を改め、酒を断つようになったともいわれる。

いずれにしても、理由は何であれ、一度飲まないと決心したら生涯、それを守り通したところが健さんらしい。この意志の強さとストイックな生き方はマネしたくても、マネできるものではない。やはり、健さんはサムライである。

健さんといえば、トレードマークとも言うべきはコーヒーだろう。撮影所にいるときも、自分で淹れたコーヒーを何杯も飲む。健さんと膝をつきあわせて話をするときは、決まってコーヒーを飲みながらだった。

一日に50杯飲んでいたなんてことを言う人もいるようだが、真偽のほどは分からない。ただ、近年、コーヒーは動脈硬化の予防や老化防止にも役立つといわれるようだ。

健さんが80歳を過ぎても元気に映画に主演できたのは、案外、コーヒーの力が寄与していたのかもしれない。

健さんは麻雀などギャンブルも一切、しなかった。江利チエミさんと結婚した当初、新居にチエミさんと仲のいい清川虹子さんらが遊びに来て麻雀をすることも、たびたびあったらしい。しかし、健さんは誘われても参加しなかった。

「しょうがないから、俺はトレーニングがあるからと言って、家を出るわけさ。結局、そういうときは自分一人でメシを食うことになるんだけどな」

そう言って笑っていた。

健さんの役者としての生き方や筋の通し方に憧れた私は、自ら志願した付き人をしていたので、ご自宅にも、たびたびお邪魔した。

「千葉、せっかくだから、メシでも食っていけよ。チエミ、頼むな」

こんなときに出されるのは決まって、お茶漬だった。健さん自身が大好物なのである。そして、チエミさんの作るお茶漬がまた絶品だった。

本心ではおかわりしたくてしょうがなかったのだが、付き人の分際で図々しいだろうと思い、1

杯で我慢して辞去するのが常だった。

酒も飲まない。麻雀もしない。これでは、よほどの堅物か、真面目人間に思われるかもしれない。しかも、映画を観た人のほとんどは、健さんを寡黙な人と思い込んでしまうようだ。

しかし、まるで違う。実際には心を許した人とは、よくしゃべるし、冗談も言う。ときにはスケベな話だってする。話術も巧みである。ただし、人の悪口は言わない。だから信頼できるのだ。

私はもっと健さんから多くのことを学びたかったし、映画で共演もしたかった。

けれども、私も主演作が増え、健さんとの共演はしだいにかなわなくなった。やがて健さんは東映から独立してフリーになり、出演作も減った。自分で納得する作品を厳選するようになったのである。1980年代以降は、映画出演のペースはどんどん落ち、1年に1本も出ていない。

だが、その数少ない映画が、いずれもクオリティの高い作品ばかりで、日本アカデミー賞など多くの映画賞を受賞した。

私が健さんと共演できた最後の大作映画が、1975年の『新幹線大爆破』だった。

新幹線ひかり号に、ある速度以上になったら爆発するという爆弾が仕掛けられたという設定のサスペンス映画である。海外でも高く評価されたこの映画で、健さんは主人公の犯人役を演じ、私も新幹線の運転士という重要な役だった。

とはいえ、犯人の健さんは新幹線に乗るわけではないから、私との絡みはまったくなく、現場で顔を合わせることもなかった。それは今振り返っても、残念でならない。

健さんが体現した武士道

私が、しばしば口にする言葉に「武士道」や「サムライ」がある。

その武士道の精神を体現し、現代のサムライとも言える存在が、私が尊敬する高倉健さんであり、深作欣二監督である。

では、武士道とは何か。サムライとは何を意味するのか。私はそれを理解してもらうために、たとえば、こんな話をする。

1945年、終戦間もない時期のことである。当時、GHQ（連合国軍総司令部）は、日本が軍国主義に走った大きな要因が武道であると考えていた。だから、剣道、弓道、柔道といった武道教育を廃止するという措置が取られたのだ。

もちろん、武道が軍国主義の温床になったというのは事実ではなく、GHQの認識不足に過ぎない。

日本側も武道の復活を働きかけたわけだが、

「だったら、武道とは何か。それを具体的に見せろ」

というのがGHQの言い分だった。そこで、GHQの上層部が提案したのは、アメリカ海兵隊に所属する銃剣術の達人でもある教官と、日本側の武道家とを対決させることだった。

このとき、日本の政治家であり、剣道家でもある笹森順造が白羽の矢を立てたのが国井善弥だった。国井は昭和の武蔵ともいわれた鹿島神流第18代宗家。

国井は木刀一つで、銃剣を持つ屈強な海兵隊教官との試合に臨んだ。国井が静かに深々とお辞儀をすると、試合を見守るGHQの人間や米兵の連中は、それを不思議に思ったらしい。

「闘いはこれからだというのに、なぜ敵に対して謝る必要があるのか」

武士道において「礼」は基本中の基本。彼らには、それが分からないのだ。

闘いは一瞬にして終わった。国井は銃剣で突いてきた海兵隊教官の動きを即座に見切り、木刀で銃剣を跳ね上げると、すぐさま木刀を相手の手首に叩き落としたのである。

両者の実力差は明らかであり、海兵隊教官は負けを認めざるをえなかった。このとき、彼の手首の骨は国井の一撃で砕けてしまったとも伝えられている。

GHQの一人は、こんな言葉を漏らした。

「国井は相手を倒すだけでなく、相手の心をも、すっかり見抜いている。武道が何か、見せられた気がする」

ざわつく試合会場にあって、一番冷静だったのが国井だった。何ごともなかったように再び、お辞儀をすると、音も立てずに、その場を去って行った。

一度は禁止された武道教育が復活したのは、この試合から数年後のことである。試合の結果が武道教育禁止の解除に、どう影響したかは分からない。だが、私は国井の潔い態度、その美しい作法はアメリカ人の心にも響いたはずだと考える。

一瞬にして敵を倒したから、素晴らしいのではない。試合の始まる前も、試合が終わった後も、いつもと同じようにお辞儀をし、相手に敬意を示した礼儀作法にこそ、国井善弥の生き方の本質もある。そう、礼に始まり礼に終わる武士道精神が、まさに、そこにあったのだ。

私が高倉健さんをサムライだと思うのも、国井善弥に通じる武士道の心を感じさせるからである。健さんは、どんな人に対しても態度が変わらない。相手が大企業の社長でも、新人スタッフでも、丁寧に挨拶をする。付き人をしていた私は、そんな場面を何度も目撃した。

東映撮影所内に新人俳優が挨拶に来ると、必ず立ち上がって、

「高倉です」

と、相手が目を瞠《みは》るほど深々とお辞儀をする。

芸能界のスーパースターと呼ばれる人で、ここまでできる人はなかなかいないだろう。人気が出て周囲にチヤホヤされるようになると、気がつかないうちに態度が大きくなっているものだ。人間、誰しも増長や慢心はある。ところが、健さんには、それが微塵《みじん》もなかった。

私も健さんを見習ってきたつもりだ。

しかし、忙しいときなど若い役者を前に、つい座ったまま、

「おお、よろしく」

と、気軽に挨拶を済ませてしまうことがある。健さんの偉大さを改めて思う。

そんな健さんが生涯にわたって親しくした一人が〝ミスター・ジャイアンツ〟長嶋茂雄さんであ

る。

長嶋さんとは前の妻であった野際陽子が立教大学の同学年であった関係もあって、何度か、お目にかかった。長嶋さんもまた、誰に対しても態度が変わらない素晴らしい方だ。

昔、私が創設したＪＡＣ（ジャパンアクションクラブ）で野球部を作った頃のことだった。たまたま長嶋さんにお会いする機会があり、野球の話になった。

「今度、うちのチームを指導してくださいよ」

「もちろん！」

半ば社交辞令のつもりで言ったのだが、挨拶をして別れたあと、長嶋さんが私のあとを追ってきた。

「一つ聞いておかないと。千葉さんのチームは硬式でしたっけ？　それとも軟式ですか？　それによって指導法も違いますから」

すっかり長嶋さんは本気なのである。本当に良い方なのだと思った。やはり健さんが親しくされる方だ。

ちなみに、お二人とも血液型はＢである。

第2章

過去の自分を捨て、前へ

～役者人生を変えた『仁義なき戦い 広島死闘篇』

テレビの常識を変えた『キイハンター』

「千葉真一」の名前を聞いて『キイハンター』を思い出すのは現在50歳以上の方だろうか。私の出世作となったＴＢＳ系のテレビドラマである。放送開始はメキシコオリンピックが開催された１９６８年。

日本ではグループサウンズが全盛期で、フォークルセダーズの『帰って来たヨッパライ』が大ヒットとした年だ。お笑いの世界ではコント55号が大ブームを巻き起こし、テレビドラマでは翌年に映画化された渥美清さんの『男はつらいよ』が放映されている。

そんな時代に企画された『キイハンター』は、当時としては異色のハードボイルドタッチのアクションドラマだった。当初、放送は1年の予定だったが、ふたを開けると、これが大人気で、視聴率は30％を突破。放送は5年にわたって続き、実に２６２話を数えることになったのである。

今でも「キイハンターとは、どんな意味なのか」と、よく聞かれる。「キイ」は鍵、つまり事件を解決する手がかりのこと、「ハンター」はご存じのように狩猟者のことだ。だから、『キイハンター』とは、どんな手がかりも見逃さず、警察の手には負えない難事件を解決するプロフェッショナルといったところだろうか。もちろん、正しい英語ではなく、ドラマ用の造語である。

『キイハンター』の主要メンバーは6人。リーダーは丹波哲郎さん演じる黒木哲也で、映画『００7は二度死ぬ』（67年）で丹波さん自身が演じたタイガー田中がモデルになっていたらしい。

私はズバ抜けた身体能力を誇る元社会部の新聞記者、風間洋介の役である。

他に語学が堪能で、元フランス諜報部員の津川啓子（野際陽子）、元FBI秘密捜査官の吹雪一郎（川口浩）、無類のドライビングテクニックを誇る熱血漢の島竜彦（谷隼人）、最年少ながら記憶の天才・谷口ユミ（大川栄子）といった面々だ。この6人が国際警察特別室という組織に所属し、国際犯罪に立ち向かうという設定である。

ストーリーの原案を考えたのは都築道夫、生島治郎、河野典生といった当代一流のミステリ作家、SF作家の方々だった。

しかも、現在、東映チャンネルなどの再放送を見ていただければ分かる通り、当時としては驚くほど外国人の出演が多く、国際色豊か。話のスケールも大きい。東映とTBSが新たなアクションドラマを作ろうとしていたのは明らかで、制作スタッフのチャレンジ精神があふれる作品だった。

ただし、その内容をひと口で言い表すのは難しい。サスペンスタッチの回もあれば、コメディタッチの回もある。さらにSF、ホラー、刑事ドラマ、西部劇、任侠物など、テイストは毎回のように変わった。

しかし、テンポ抜群の展開とキレのあるアクションシーンは、ずっと変わることのなかった『キイハンター』の魅力であり、その流れを作ったのが、第1話と第2話でメガホンを取った深作欣二監督だった。

私は役者人生の節目において、なぜか深作監督と一緒に仕事させていただいている。このときも、そうだった。ご縁があるというか、不思議な巡り合わせを感じざるをえない。

深作監督は初回から、自分が撮りたい映像にこだわった。普通、この手のドラマの撮影期間は1週間から10日だが、なんと2か月以上も費やしている。

それも、そのはずだ。オープニングで鳩が飛び立つシーンを撮るために日比谷公園に撮影に行ったのだが、なかなか納得できる数の鳩が集まらず、深作監督はその日の撮影を中止にしてしまった。万事、その調子だから撮影も延びたのである。

しかも、当時のドラマはビデオではなくフィルムである。当然、撮影期間が延びれば、フィルム代だけでもバカにならない。

おそらく深作監督自身、考えるところがあったのだろう。機動力のある16ミリフィルムを使って大胆なカメラワークを試している。今になって考えれば、5年後に監督する『仁義なき戦い』シリーズの予行演習のようでもあった。

私が演じた風間洋介は、深作監督とのコンビで撮った『風来坊探偵』のキャラクターに近い。タフで、身軽であるだけでなく、どんな窮地に陥っても軽口を叩き、周囲を和ませるユーモア精神を持った男だ。

そんなキャラクターをさらに膨らませるために、私もさまざまなアイデアを出した。たとえば、仲間を救出した際「俺が来なかったら、あの世行きだぜ」というセリフを、あえてオネエ言葉に言い換えたのである。

「ぼくが来なけりゃ、あの世行きよ〜」

こうした遊び心を監督も喜んでくれた。

「千葉ちゃん、いいよ。それでいこう！」

実際、出来上がった作品を観てみると、これがハードボイルドな雰囲気の中にあって、絶妙なアクセントになっているのだ。

メンバーのニックネームについても、私が考えた。丹波さん演じる黒木キャップは「ボス」、若い谷隼人は「ボーヤ」、年上の野際陽子は「姉御」。彼女との息の合ったアドリブ連発の掛け合いは、視聴率向上にもつながったらしい。

しかも、彼女とは、この共演が縁で結婚にまで至ったのだから、人生、何が起こるか分からない。

死も意識した、命がけのアクション

『キイハンター』に出演したとき、私は29歳。東映に入社し、8年の歳月が過ぎようとしていた。

それまで、すでに60本を超える映画に出ており、主演作も数多くあった。テレビもデビュー作の『新　七色仮面』を皮切りに、『アラーの使者』や柔道ドラマの『くらやみ五段』（NET系・1965〜66年）などにも主演していたが、私の人気を決定的なものにしたのは、やはり『キイハンター』だった。

当初は、私と谷隼人君の役が反対だったらしい。つまり、谷君が高い身体能力を持った元新聞記者、私が車の運転に長けた熱血漢という役どころだったのだ。

それが企画の段階で、アクロバティックなアクションシーンを、どんどん取り入れていこうということが決まり、役柄を入れ替えたのである。結果的には、これが成功した。もちろん、私は『キイハンター』でも、危険なシーンをスタントマンに頼ることなく、自ら演じたのである。

ひと口にアクションシーンと言っても、さまざまだ。車やオートバイでの追跡や逃走のシーンもあれば、火薬を大量に使った派手な爆破シーンもある。だが、私がこだわったのは、あくまで生身の肉体で見せるアクション。それも、ハリウッド映画にも負けないアクションシーンを目指した。

「日本のアクションを変えてやる」

それくらいの心意気だった。とはいっても、こっちはハリウッド映画のように潤沢な予算があるわけではない。だからこそ、毎回、体を張って、命がけの撮影に挑んだのだ。

下は谷底というようなロープウェイにワイヤーを引っかけて、よじ登ることもあれば、砂浜を疾走するジープにサーフボードをロープでつないで、その上に腹ばいに乗って敵を追跡したこともある。

走って来る電車の屋根に、トンネルの上から飛び移ったこともあった。タイミングを誤り、車両と車両の間の連結部に落ちたら、一巻の終わりである。だから、何秒に1回、連結部が来るかを数え、そのリズムを頭に叩き込んだうえで電車の屋根に飛び降りた。軽いケガはしたが、幸い、命を

当時のインタビュー取材における１枚。自慢の跳躍力を披露した

落とすことはなかった。

　他にも、死を意識したことは何度もある。

　リアルさを表現しようと、犯人役に本物のナイフを持たせたときのことだ。ナイフが私の二の腕にあたり、肉が切り裂けた。スタッフが驚くほどの大量出血である。しかも、撮影場所は山の中。私も、さすがに「これだけの出血をしたら、助からないかもしれない」と思った。このときは、スタッフの力を借りて1時間かけて山を下り、そこから病院まで車を飛ばし、なんとか事なきを得た。

　セスナで逃亡する悪党を私がオープンカーで追いかけるシーンは、今思い出しても冷や汗が出る。セスナが飛び立とうとする瞬間、私がセスナに飛び移る段取りだった。

　タイミングよくジャンプし、両手でセスナにつかまるまではよかった。ところが、車のハンドルに私の左足が引っ掛かってしまい、抜けない。必死にもがくのだが、どうやっても抜けない。セスナは今にも空へ飛び立とうとしている。

　さすがに、このときばかりは体が引き裂かれるのではないかと恐怖を感じた。手を離したとしても、車は猛スピードで走っているから、大惨事は目に見えている。わずか数秒の間に、そんな思いが頭の中を駆け巡り、「もはや万事休すか……」と思った瞬間、やっと足が抜けたのである。

　こうした危険なアクションシーンは『キイハンター』の大きな魅力となり、視聴率にも大きく貢献した。文字通り、命がけの行為が報われたわけである。

　私自身、毎回のようにアイデアを出し、監督やスタッフと相談しながら、次々に新しいアクションに挑戦していった。

その気になれば、ヒントやアイデアは、どこにでもあるものだ。名作映画も貪欲に参考にした。たとえば、トニー・カーチスとシドニー・ポワチエが共演し、アカデミー賞脚本賞も受賞した名作『手錠のままの脱獄』（58年）の設定を真似し、黒人の脱獄犯と私が手錠でつながれたまま、逃亡するという展開もあった。

逃亡の途中、線路に寝て、走る列車の車輪で手錠を切るということも実際にやった。線路と線路の間に寝転び、その上を列車が通るわけである。事前のチェックで、そのままでは列車にひかれる危険があるというので、枕木を削ってもらい、撮影に臨んだ。我ながら、よくやったと思う。

『キイハンター』における私のアクションは、やがて海外でも高く評価され、デビュー間もないジャッキー・チェンが私に会いに来てくれたこともあった。

「危険なシーンだからと吹き替えでやったとして、それを自分の作品だと胸を張れるだろうか」

私がそんな話をすると、ジャッキーも同意した。

「ぼくも自分の作品である以上、千葉さんと同じことをします」

以来、彼はどんなに危険なシーンであっても、吹き替えを一切使わずに挑んでいる。ハリウッドで成功したのも当然だろう。

アイドル顔負けの人気スターに

日本のアクションドラマの草分けにして、今なお最高峰と評価される『キイハンター』だが、番組のウリはアクションだけではなかった。

30％という高視聴率をマークした要因の一つに、個性豊かなキャストの存在が挙げられる。ボスの丹波哲郎さん以下、野際陽子、川口浩、谷隼人、大川栄子、それに私。こうしたレギュラーメンバーによる、ユーモアたっぷりのやりとりと軽妙な演技、そして抜群のチームワークで、お茶の間のファンを魅了したのだ。

しかも『キイハンター』は、メインとなるキャストが、毎回変わるというユニークなドラマでもあった。今回は私、次は野際陽子、その次は谷隼人というように、メインのキャストが回によって臨機応変に変わった。

なにしろロケが多く、撮影にも時間がかかる。そして、それぞれの役者が他の映画やドラマとのかけ持ちだ。撮影は何人もの監督がメガホンを取り、いくつかの班に分かれて同時に行われた。だから、レギュラー全員が顔をそろえることは珍しく、必然的に数人のレギュラーを中心にストーリーは展開していった。

これが逆に、視聴者には新鮮だったのだろう。「今週は誰が主役として活躍するのか」といった興味も、『キイハンター』人気を後押しすることになった。ただ、自慢するわけではないが、私が

歌手活動も精力的だった。各地でステージ活動を行い、レコードも数多く製作した

メインとなる回の人気が最も高かったようだ。

　放映から2年目を迎えた1969年、私は中島貞夫監督の映画『日本暗殺秘録』の主演が決まり、しばらくの間、その撮影のために『キイハンター』を休まなければならなくなってしまった。すると、ファンから復帰してほしいとの声がTBSにも東映にも寄せられたのである。

　とにかく、その頃の「千葉真一人気」は、今振り返っても驚くほどだった。

　当時、俳優や歌手の人気のバロメーターとなったのがブロマイドの売り上げである。私は69年、70年と、2年連続で男性部門の1位（女性部門では69年が吉永小百合、70年が岡崎友紀）だった。

　2位以下は、ザ・オックス、フォーリーブス、ザ・テンプターズ、ザ・タイガースといった当時の人気グループだったのだから、その人気はアイドル並みだったということになる。

　自分には、そんな自覚はまるでなかった。おかげで『近代映画』の臨時増刊では『千葉真一特集号』が出るし、『週刊マーガレット』では『千葉真一物語』の連載まで始まった。

実は、この頃も私は時間が許す限り、高倉健さんの付き人のようなことをしていた。たまたま羽田空港まで健さんを迎えに行ったときだった。我々のほうにファンが押しかけて来たのだが、そのほとんどが健さんではなく、私がお目当てだったのだ。健さんも私の人気にびっくりして、うれしそうにニヤニヤしていたのを覚えている。

だが、人気が出たからといって、うぬぼれたり、有頂天になったりするようなことはなかった。こうしたアイドル扱いの人気が一過性のものだと理解していたからだ。それは、健さんの生き方から学んだことでもあった。それでも、うれしいこともたくさんあった。

たとえば、数多くの身体障害者の方が『キイハンター』を見て、私のファンになってくれた。

「千葉さんのアクションは私たちの夢です」

そんな声を、たくさんいただいたのである。役者になって本当に良かったと思ったし、『キイハンター』という人気番組に巡り合った幸運に感謝した。

この時期から私のギャラも、ようやく大きな上昇カーブを描き始めた。それまでは映画に主演するようになっても、なかなか上がらず、「俳優という職業は、こんなにも貧乏するものか」と思っていた。それが、ようやく実家を建て替える資金を出せるくらいには稼げるようになったのである。ただ、ブロマイドの売り上げについては東映の仕切りだったので、残念ながら、私の手元に入ることはなかったのだが……。

悔しかったのは、ドラマがスタートした当時は、私より（野際）陽子ちゃんのほうが1本当たりのギャラが高かったことだ。

たまたま彼女のギャラを見てしまったのだが、私より5000円ほど多い。こっちは映画で何本も主演しているのに……。そう思ったら、ガックリした。

しかし、逆に負けてなるものかと奮起し、2年で追い越すことができた。それは図らずも私の人気が急上昇し、『キイハンター』になくてはならない存在になった証明でもあった。

いろんな意味で、私の役者人生を変えることになった『キイハンター』ではあったが、自分の心に危機感が芽生え始めたのも事実だった。放映から5年目の73年に、私は34歳になっていた。これだけ続けばマンネリ化は免れない。ファン層も、どんどん低年齢化する傾向にあった。

「いつまでも『キイハンター』の千葉真一という立場に安住していることがプラスになるのか。役者としてまったく違うジャンルに挑むべきではないのか……」

そんなことを真剣に考えるきっかけになったのが、前述の『日本暗殺秘録』に出演したことだった。

国際俳優・丹波哲郎さんの不思議な魅力

尊敬する俳優・高倉健さんが初めて出演したアメリカ映画は『ザ・ヤクザ』だ。当時、健さんは

43歳。監督は『トッツィー』（1982年）などで知られる名匠シドニー・ポラック、共演は人気スター、ロバート・ミッチャムだった。

近年、渡辺謙や私の後輩である真田広之など、ハリウッドで活躍する日本人俳優は増えているが、健さんは、それよりずっと以前から、海外でも通用する日本のスターだったのだ。

しかし、健さんより以前に国際俳優として活躍した俳優がいる。三船敏郎さんと丹波哲郎さんだ。

三船さんは、まず海外の映画祭で注目を浴びた。『羅生門』（50年）や『七人の侍』（54年）といった黒澤明監督の作品が次々に賞に輝き、主演の三船さんの名も知られるようになったのだ。やがて外国からのオファーが舞い込み、『グラン・プリ』（66年）、『レッド・サン』（71年）、『1941』（79年）といった話題作に出演した。

丹波さんが外国映画に出るようになったのは演技力が評価されたのは当然として、やはり英会話の実力がものを言ったのだろうか。なにしろ戦後間もない頃にGHQで通訳をしていたほどである。ただし、本人はこの話については照れなのか、こんなことを言っていた。

「連中がしゃべっている内容の半分も分からないから、いつもトイレに隠れたよ。自信があったのは発音だけかな」

真偽のほどは私には分からない。しかし、『太陽にかける橋』（61年）、『第七の暁』（64年）などのアメリカ映画に立て続けに出ると、67年にはイアン・フレミング原作の人気シリーズ『007は二度死ぬ』に出演。当時、人気絶頂だったショーン・コネリーを向こうに回し、堂々の演技を披露したのだから、さすがである。この映画により〝国際スター、丹波哲郎〟の名声は一気に高まった。

私がテレビドラマ『キイハンター』で共演したのは、その翌年のことである。

その後、時代劇でも共演した。私が柳生十兵衛を演じた『柳生一族の陰謀』では、十兵衛の片目を斬るほどの剣客・小笠原玄信斎にふんし、『魔界転生』では、十兵衛のために妖刀・村正を打つ刀匠を演じた。どちらも出番は多いわけではないが、スクリーンに確かな存在感を刻んだ。

丹波さんが演じた役は、幅広い。暴力団の組長や総理大臣を堂々たる風格で演じたかと思えば、独居老人を飄々《ひょうひょう》と演じてみせた。役者としての懐が深いというのか、スケールが大きいというのか、まさに硬軟自在の芝居が、自然にできる人だった。

しかも、ツボにハマると、丹波さんの芝居は役が乗り移ったかのようなオーラを放った。野村芳太郎監督の『砂の器』（74年）は、まさに、そんな作品だろう。あの映画が名作として語り継がれ、今も多くの観客の涙を誘うのは、丹波さんの名演技に負うところが大きい。

それほどの名優でありながら、丹波さんは撮影現場には、たいてい遅れてやって来た。セリフも、ほとんど覚えてこない。

麻雀仲間でもあり、プライベートでも親しかった深作欣二監督には、必ず現場で聞かれたものだ。

「オジサン、ちゃんとセリフ、覚えてきた？」

「大丈夫、大丈夫。セリフなんてものはな、すぐ覚えられるんだよ」

「まだ覚えてないのか。もう、撮影始まるよ」

「分かった。すぐ覚える」

実際、丹波さんはセリフを覚えるのが早い。『キイハンター』では、前話の脚本を持って現れることもあったが、新しい脚本を渡すと、控室にいる間に、あっと言う間に覚えてしまった。

とにかく不思議な人だった。高倉健さんが現場に入ると、それだけで身が引き締まるような緊張感が生まれた。一方、丹波さんは現場をリラックスさせるようなところがあった。ただし、そこにいる人たち全員が丹波さんには一目置いている——そんな空気を作ってしまうのである。

私は、どちらの現場も好きだった。なぜなら、健さんも丹波さんも役者である前に、人間的に素晴らしい方だったからだ。

丹波さんが霊界のスポークスマンを名乗り、『丹波哲郎の大霊界　死んだらどうなる』（89年）などの霊界映画を作っていた頃だった。

「千葉ちゃんよ、映画版の『キイハンター』を撮ろうじゃないか」

と、話を持ちかけられたことがあった。もちろん、異存はない。脚本の執筆にも着手したのだが、丹波さんが鬼籍に入り、結局、実現には至らなかった。

今、私は『キイハンター』の名場面ばかりを集めたDVD集を作ることを考えている。当時、危険を顧みず、体を張って撮影したアクションシーンはブルース・リーやジャッキー・チェンも高く評価してくれた。私はCG全盛の今だからこそ、世に出す価値もあると思う。丹波さんも、きっと霊界で喜んでくれるはずだ。

自分の主戦場は映画だ！

私が『キイハンター』から降板することを決意したのは1973年、34歳のときだった。『キイハンター』は相変わらず高視聴率をマークしていたし、「『キイハンター』の千葉真一」の人気も絶頂だった。

しかし、このまま自分が『キイハンター』一色に染まった俳優になることが耐えられなかった。そろそろ、次のステージに進むべきだと思ったのだ。そんな気持ちに一度火がついたら、もう消すことはできない。

私は尊敬する先輩俳優であり、『キイハンター』のボス役でもあった丹波哲郎さんに相談した。

「おまえの気持ちは、よく分かった。じゃあ、番組は終わらせたほうがいいだろうな。千葉がいないんじゃ、『キイハンター』という番組は成り立たないよ」

丹波さんはそう言って、プロデューサーを呼んで話をつけてくれたのである。

このときの丹波さんの決断には、今も感謝している。東映もTBSも、もっと番組を続けたかったようだが、最終的には私の気持を理解してくれた。

こうして『キイハンター』は、73年4月7日放映の262話で幕を閉じたのである。その2年後に、丹波さんはTBSと東映制作の刑事ドラマ『Gメン'75』に主演。新たなスタートを切ったのだが、こちらも8年に及ぶ長寿ドラマとなった。ご覧になった方も多いことだろう。

一方の私はといえば、再び映画の世界へと戻った。自分の主戦場は、やはり映画しかないと判断したのである。私にそう思わせた一本の映画、それが先立つ69年に封切られた大作映画『日本暗殺秘録』だった。

監督はオールロケによる斬新なヤクザ映画『893愚連隊』（66年）で注目された中島貞夫監督。後に、『日本の首領《ドン》』シリーズ（77〜78年）などを撮るヤクザ映画の巨匠であり、私も『沖縄やくざ戦争』（76年）で再び仕事をさせていただくことになる。

私にとって中島監督は縁が深いというか、非常に相性がいい監督だった。というのも、私は両作品で京都市民映画祭の主演男優賞をいただいているのだ。

深作欣二監督の作品に出演したときがそうであるように、私は中島監督の現場では、まったく緊張しない。それだけ、中島監督の演出を全面的に信頼しているからである。安心して映画の世界に没入できるのだ。

監督がそんな素晴らしい方なら、脚本も作家の三島由紀夫さんに絶賛された『博奕打ち 総長賭博』（68年）や、本作の5年後に大ヒットした『仁義なき戦い』シリーズを手がけた笠原和夫さん。これまた超一流である。その笠原さんの入念な取材によって実現したのが、『日本暗殺秘録』だった。

俳優陣も超豪華。この頃の映画会社は、どこも年に何度か、オールスターキャストと銘打った作品を製作したのだが、『日本暗殺秘録』も、そんな大作だった。

高倉健さん、鶴田浩二さん、片岡千恵蔵さん、菅原文太さん、若山富三郎さん、里見浩太朗さん、藤純子（現・富司純子）さんと、東映が誇るスター俳優が集結した。そして、こうした主要キャストの中で、一番若い私が実質的な主役を務めたのである。

映画で取り上げられたのは、幕末から二・二六事件までに起きた数々の暗殺事件。これがオムニバス形式で綴られていく。

たとえば、オープニングは若山富三郎さん演じる有村次左衛門による大老・井伊直弼の襲撃。いわゆる桜田門外の変である。菅原文太さんは労働者用ホテル建設の出資を拒む安田財閥の創始者・安田善次郎を刺殺する。さらに、高倉健さんは陸軍軍務局長の永田鉄山を惨殺した相沢三郎を、鶴田浩二さんは二・二六事件の首謀者の一人である礒部浅一を演じている。

改めて幕末から昭和にかけて、日本で、いかにテロが行われてきたか分かる作品なのだが、健さんや鶴田さんや若山さんが登場するシーンは、時間にして、わずか数分でしかない。

映画のメインストーリーとなるのは、貧しさゆえに、やがてテロリズムに走った小沼正の生涯である。ご存じの方もいると思うが、小沼は血盟団の一員として前大蔵大臣の井上準之助を殺害した人物である。

それを私が演じることになったのだ。

シナリオを読んで、すぐにでも演じてみたいという強い意欲に駆られた。私を押してくれた中島監督と笠原さんの気持ちもうれしかったし、何がなんでも、それに応えなければと思った。

小沼正の10代後半から20代前半を演じるには、当時30歳の私は年齢的にも限界だった。

当然、放映中の『キイハンター』は休まなければならない。『キイハンター』は毎回のようにメインキャストが変わるため、私がしばらく抜けても大して問題にはならないと思っていたのだが、視聴率的には相当なダメージだったらしい。「なぜ、千葉真一が出ないのか」と、ファンからの抗議も少なくなかったようだ。

しかし、私はそれまでの自分の殻を破り、役者として新たな地平に立つために、全身全霊を賭けて、この映画に挑んだ。人間誰しも、すべてをかなぐり捨てて挑まければならないときがある。私にとって『日本暗殺秘録』はまさに、そんな映画だった。

心血を注いで演じた『日本暗殺秘録』

この映画で私が演じた小沼正とは、こんな人物だ。

茨城県の貧農の出身で、小学校を首席で卒業する学力がありながら、東京に丁稚奉公に出なければならなかった。彼が勤務したのは、人情味あふれる社長を中心とした家族的な雰囲気のカステラ工場。ここで藤純子ちゃん演じる美人従業員とも親しくなる。

しかし、社長は正直な、根っからの善人。曲がったことは嫌いだった。役人への賄賂を渡さなかったため、経営が立ちいかなくなり、ついには多額の借金を背負い、倒産してしまう。

故郷に帰ってみれば、そこで目撃するのは、お金がなく、満足に薬を買うこともできずに死んでしまう貧農の娘の姿だった。

正直に生きるだけではバカを見るという絶望感。さらに弱者を見捨て、私腹を肥やすばかりの支配階級への怒り。そんな気持ちを抱いた小沼が出会うのが、片岡千恵蔵さん演じる日蓮宗の僧侶、井上日召《にっしょう》だった。

井上日召の過激な思想に心酔し、さらにクーデターを準備する海軍軍人（田宮二郎）らと交流するうちに、理不尽で矛盾に満ちたこの世を変えるには、テロしかないと思い詰めるようになっていくのだ。

私はシナリオを読むなり、戦乱の時代を一途に生きた小沼正に、すっかり感情移入してしまった。テロを肯定するわけではないが、弱者のために権力に立ち向かおうとした彼の生き方に心を打たれたのである。映画が公開された１９６９年といえば、日本は安保闘争やベトナム反戦運動で大きく揺れた激動の時代だ。そのような時代の日本人に向けて、小沼正という男の生き方を問うことにも意味があるように思った。

この映画の脚本家である笠原和夫さんの勧めもあって、私は撮影期間中、中島貞夫監督の家に住み込んだ。当時、中島監督が暮らしていた家は、けっして広いわけではなく、ご家族の方にはずいぶん、ご迷惑をおかけした。

当時の私は『キイハンター』で演じた風間洋介の爽やかでカッコいいイメージが強かっただけに、それを引きずりたくなかった。純粋な青年がテロリストになっていく姿を表現しなければならない。

そのためにも中島監督との入念なコミュニケーションは、私にとっては不可欠だったのである。

撮影の前の晩は必ず、中島監督と話し合った。夕食後に酒を酌み交わしながら、私は自分の演技プランを伝え、中島監督から意見を聞いた。こうした綿密な準備があったから、撮影現場での私は、すっかり俎板《まな》の鯉の心境だった。緊張することもなかった。

小沼が所属した血盟団の本拠があった茨城県大洗町の海岸で、ロケを行ったときのことだった。私が腰まで海につかり、今まさに昇ろうとしている朝日に向かって、一心不乱にお題目を唱えるシーンを撮影したのだが、大洗の海は外海だから、波は荒い。私は何度も、波にさらわれそうになった。それでも体を波に任せていたから、鼻や耳に海水が入ってくる。当然、監督の「カット!」の声は耳に入らない。

結局、助監督が海の中に入って知らせに来てくれるまで分からなかった。

映画のモデルでもある小沼正さん本人が、撮影を見に来られたこともあった。小沼さんは32年に殺人罪で逮捕され、無期懲役の判決を受けたが、恩赦により、40年に出獄。戦後は出版社社長を務めながら、政治活動をされていた。

小沼さんが見学したのはカステラ工場が倒産し、商品のカステラをカマドで焼き捨てるシーン。私と藤純子ちゃんはカマドの前で泣き崩れるのだが、これを見ていた小沼さんもボロボロ涙を流された。

撮影終了後、小沼さんに声をかけていただいた。

「千葉さんの芝居、素晴らしかったです。あのときの私の心情が見事に表現されていました」

自分が心血を注いだ役作りは間違っていなかったのである。そう思うと、今度は、うれし涙がこぼれそうだった。

この年、私は『日本暗殺秘録』における演技が認められ、京都市民映画祭の主演男優賞を受賞した。

「自分が生きるべき道は映画なのだ」

その思いは、ますます強固なものになっていった。

ノーギャラでも出るつもりだった『仁義なき戦い』

5年間続いた人気テレビドラマ『キイハンター』が幕を閉じ、「これからは映画中心に勝負していこう」と考えていた矢先に、予想もしていなかった仕事が私に舞い込んできた。

それが『仁義なき戦い』シリーズの第2作『広島死闘篇』の出演だった。

ご存じの通り、『仁義なき戦い』は東映の実録ヤクザ映画の第1ページを飾る作品であり、日本映画史に残る傑作だ。今でもシリーズ5作のDVDは売れ続けているし、名画座で特集を組めば、大勢の映画ファンが集まる。その中には公開当時に生まれていないファンも多く、まさに世代を超えて支持されている。

東映という会社から見れば、高倉健さんや鶴田浩二さんの任侠映画が下火になりつつあった時期に、救世主のように出現した作品でもあった。

原作は作家の飯干晃一さんが週刊サンケイに『広島やくざ・流血20年の記録　仁義なき戦い』というタイトルで連載していたノンフィクションである。

広島県呉市に実在した暴力団、美能組の美能幸三組長が網走刑務所で服役中に執筆した手記がベースになっているため、当然、実在のヤクザが実名で登場する。しかも、その多くは存命中であり、抗争も完全に解決したわけではない。実際、週刊サンケイの編集部はヤクザから恫喝《どうかつ》を受けることもあったと聞いている。

当然、そのまま映画化したら大変なトラブルに発展する可能性がある。そこで、登場人物の名前は、すべて変えられた。逆に言えば、映画に出てくるキャラクターには、すべてモデルが存在しているわけだ。

おそらく、これだけのリスクを伴う原作の映画化は東映にしかできなかったと思う。東映には、それまでのヤクザ映画で培ってきた実績もノウハウも人脈もある。しかも、当時の東映は岡田茂社長が掲げた「不良感度」を売り物にしており、時代劇や任侠映画に代わる新たな鉱脈を探していた最中でもあった。

映画化に当たり、一番苦労したのは脚本家の笠原和夫さんだった。

笠原さんは、私の役者人生を変えることになった『日本暗殺秘録』の脚本も手がけた方で、綿密な下調べには定評があった。『仁義なき戦い』についての調査も、後に『「仁義なき戦い」調査・取材録集成』という300ページを超える本になっている。

このとき、笠原さんは単身、広島に乗り込み、美能組長に会いに行くことから脚本づくりをスタートさせた。手記に書かれているのは、おびただしい人物の名前と複雑に入り組んだ人間関係である。それを一つ一つ確認し、整理することから作業を始めなければならなかったからだ。

しかし、笠原さんが映画化の話を切り出すと、美能組長は固く口を閉ざし、何もしゃべろうとしない。なんの成果もなく帰る笠原さんを美能組長は呉駅まで送ってくれたのだが、その道中の世間話で意外な事実が判明した。戦時中は2人とも同じ呉の大竹海兵団にいたのだ。

これで美能組長は胸襟を開いた。笠原さんを自宅に招き、朝まで飲み明かし、広島抗争に絡む、いくつものエピソードを教えてくれたのだという。

さらに、笠原さんは地を這うような取材を重ね、2か月をかけて『仁義なき戦い』第1作の脚本をまとめ上げたのだった。

メガホンを託されたのは、私が尊敬する深作欣二監督である。

深作監督は、すでに『現代やくざ 人斬り与太』（1972年）や『人斬り与太 狂犬三兄弟』（72年）といった斬新な感覚のヤクザ映画を世に送り出し、パンチの効いた演出力は多くの映画評論家に高く評価されていた。東映の幹部も従来の任侠映画とは一線を画した新しい作品を作るには、深作監督しかいないと判断したのだろう。

京都撮影所の現場は、深作監督の精力的な演出の下、主演の菅原文太さんから大部屋俳優に至るまで全員が役に入れ込み、熱気に包まれていたという。

こうして完成した映画は73年の正月映画として公開された。それまでの任侠映画が描いたのが、主人公はヤクザとはいえ、様式美に覆われた勧善懲悪の世界だとすれば、『仁義なき戦い』は裏切りと謀略が渦巻くリアルな世界だ。この前代未聞の群像劇が大衆の胸に熱く響いたのである。

大ヒットに気をよくした会社は、すぐさま第2弾の製作をスタッフに命じた。当たれば二の矢、三の矢を放つのが東映である。しかし、誰も第1作が、これほどヒットするとは思ってもいない。準備は急を要した。

何より脚本である。突貫工事で間に合わせなければならない。

そこで、笠原さんが考えたのは、広島抗争のメインストーリーから少し外れた人物にスポットを当てることだった。第1作で菅原文太さんが演じた主人公・広能昌三を狂言回しにして、戦争に行き遅れたことにコンプレックスを抱く若いヒットマンを主人公に据えたのである。今で言うところのスピンオフ作品だ。

その主演のオファーが私のところに来た。

監督・深作欣二、脚本・笠原和夫。私が、この世界で最も信頼する2人がタッグを組んだ話題作である。断る理由はない。ノーギャラでも出るつもりだった。

クランクイン直前、前代未聞の交代劇

映画が完成していなくてもラッシュを観れば、作品としての出来、不出来は、ある程度分かる。ラッシュとは映画業界の用語で、撮影されたフィルムを未編集の状態で試写室に回し、チェックすることだ。実は、『仁義なき戦い』は、このラッシュを観ただけで続篇の製作が決まったともいわれる。撮影現場のただならぬ熱気、さらにはフィルムに焼きつけられた物語の面白さ、役者の迫真の演技……そんなものが東映の幹部にも伝わったのだろう。

そして、その第2作『広島死闘篇』の主役を私が演じることになった。

『仁義なき戦い』全5作を観たことのある方ならお分かりいただけるだろうが、『広島死闘篇』はシリーズの番外篇とも言える位置づけの作品だ。

主人公と言っていい人物は2人いる。

一人は予科練に入ったものの、特攻隊として出陣できずに終戦を迎えた山中正治。ゼロ戦代わりにマグナムを持ち、やがてヒットマンに変貌していく人物だ。

もう一人は、広島の古くからのテキヤ組織・大友連合会会長の息子、大友勝利。テキヤのしきたりをことごとく無視し、傍若無人に暴れ回った。

脚本を書いた笠原和夫さんが感情移入したのは、山中正治のほうだった。第二次大戦中、軍隊にいた笠原さんにとって、「行き遅れた軍国青年」でもある山中には、大いに共感するものがあった

のだろう。

脚本を読んだ私にも、それはすぐに分かった。私が演じた『日本暗殺秘録』のテロリスト・小沼正と『広島死闘篇』の山中のイメージは非常に近いからだ。片や戦前のテロリストであり、片や戦後のヒットマンである。ともに、純粋で一途であるがゆえに人生を狂わせていった若者である。

しかも、どちらの作品も脚本は笠原さんだ。笠原さんが小沼正を演じた私を想定して、山中のことを書いたのは明らかだった。実際、笠原さんと東映本社の間では合意ができていたらしい。

「小沼正を演じて賞を獲った千葉真一に、『広島死闘篇』の山中をやらせたら、ピッタリではないか」

こうして、私のところに山中役の依頼が来た。私としても山中は自分が演じるべき役だと思い、すんなり役のイメージをつくることができた。

まず、こう考えた。もし小沼正が戦後の混乱の中でヤクザになるしかなかったら、どのように生きるか。そこからは役づくりもスムーズに進んでいった。自分なりに細部の演技プランを組み立て、セリフもすべて頭に叩き込んだ。

さあ、あとは撮影現場に入って、カメラの前で演技するだけとなった。

ところが、クランクインの10日前に予期していない事態が訪れた。筆頭プロデューサーの日下部五朗さんと会社の役員の方たちが、夜、私のマンションにやって来たのだ。

用件は、こうだ。

「大友勝利役の北大路欣也君が、山中正治をやらせてほしいと言ってきたんだよ。大友は粗暴で下品に過ぎるから、自分が演じるのは無理だと。なんとかならないだろうか」

突然の交代要請だった。もちろん、私としては承服しかねる。

「欣也ちゃんがなんと言おうと、そんなの無理に決まっているじゃないですか。俺の中では、すでに100%、山中正治の役づくりができ上がっているし、セリフもすべて覚えています。今、この場で言うこともできます」

その後も、日下部さんたちの説得は延々と続いたが、私は抵抗した。

「どうしても大友をやらなければならないなら、俺は降りてもかまいません」

話し合いは明け方になっても平行線のまま。やむなく私から提案した。

「1週間考えさせてください。その結果、降りることになるかもしれません。それは覚悟してください」

私は日下部さんたちが帰った直後から、ずっと考え続けた。

あくまで、山中正治を演じることを主張すべきか。

それとも、この映画から降りるべきか。

あるいは、大友勝利を演じる道を選択すべきか。

ふと、私の頭をよぎったのは深作欣二監督の顔だった。すでに深作監督は京都の東映撮影所で準備に入っていたため、私のところには来なかったし、連絡は一切なかった。だが、この交代要請の話を知らないはずはない。いったい、何を考えているのか。

深作監督の心の中に思いを巡らすうちに、

「ひょっとして深作監督は、私に大友勝利を演じさせたいと思っているんじゃないか。山中は千葉のほうがいいと本気で考えているなら、欣也チャンのわがままを絶対、許すはずがない」

と閃《ひらめ》いたのである。

それは「これまでとは違う千葉真一を見せてみろ」という、深作監督の真意が見えた瞬間でもあった。

私は頭の中に出来上がっていた山中正治のイメージを捨て去り、大友勝利を演じることを決心した。

これまでの千葉真一を捨てる

大友勝利と山中正治とは、正反対のキャラクターである。

山中は年齢が満たずに特攻隊に行けなかった純情な軍国少年の成れの果てとも言える人間だ。闇市の定食屋で無銭飲食をしたことがトラブルとなり、結果的には極道社会に身を投じることになる。しかも、自分の意思で行動することは、ついに許されず、ヤクザ組織トップの意のままに鉄砲玉として利用されていく。

一方の大友勝利はテキヤ一家の跡取りだが、欲しいものは、どんな手段を使ってでも奪い取ろうとする暴れん坊。広島のヤクザ抗争の大きな火種となる。

常に木刀を持って歩き回り、ときには敵対する組にダイナマイトを投げ込んで、ド派手な殴り込みをかける。大友が出る場面のほとんどは、暴力と暴言で埋め尽くされている。まるで狂犬のような男だ。

私は『日本暗殺秘録』でテロリストとなった小沼正を演じたが、彼の暴力には弱者のために腐敗しきった権力を倒すという理想に裏打ちされていた。しかし大友には、そんな理想も大義名分も何もない。

改めて山中正治ではなく、大友勝利の視点から脚本を読み込み、そのセリフのすさまじさに驚いた。

たとえば、敵対する村岡組から利権を奪おうとする大友が、加藤嘉さん演じる父親と口論するシーンだ。加藤さんが博奕打ちとテキヤでは縄張りが異なるからこそ、共存共栄できるのだと説くと、大友は、それをあざ笑うかのように反論する。

「何が博奕打ちかいや！　村岡が持っとるホテルは何を売っちょるの？　言うならあれら、オメコの汁で飯食うとるんぞ。（中略）わしらうまいもの食うてよ、マブいスケ抱くために生まれてきてるんじゃないの！　それも銭がなきゃできやせんのぜ。そうじゃけん、銭に体はろうってのがどこが悪いの！」

まさに欲望全開。大友勝利という人間の個性が見事なまでに表現されている。こんな強烈なセリフを書ける笠原さんも、すごい脚本家だと思った。

しかし、演じる側にすればインパクトが強すぎる。はたして、どんな表情、どんな身振り、どんな口調で言えばいいのか。

それまで私が映画やテレビで演じてきたのは、善玉がほとんどだった。爽やかで、カッコいいヒーローばかりである。そんな私が大友勝利になり切ることができるのだろうか。

しかも、撮影までに残された時間は、わずか数日間しかない。私が悩みに悩んで出した結論は、

「これまでの千葉真一を捨てるしかない。自分がよく見えると思ってやってきたものを全部消し去り、汚い自分、悪い自分を引き出そう。しかも、それを魅力的に見せなければ……」

ということだった。

参考になるものは何でも貪欲に参考にした。

たとえば、大友勝利のモデルになった人物の写真である。唇の厚さに特徴があり、それが映画冒頭のシーンのヒントにもなった。

私は定食屋で北大路欣也ちゃん演じる山中正治に出会うのだが、割り箸をくわえたまま登場するのだ。それも下唇を裏返したような唇にするために、わざと糊づけまでした。

それは従来の千葉真一の否定でもあり、まったく別の千葉真一を表現するための引き金でもあった。撮影前は不安もあったが、深作監督は私の演技を見て、すぐに理解を示してくれた。

「千葉ちゃん、それ、すごくいいよ。面白い！」

私はしゃべり方をはじめ、歩き方、食べ方、椅子への座り方、ドアの開け方と、大友勝利になり切るために、すべてを変えた。しかし、変えられなかったものもある。

眼だ。どうしても当時の私の眼には極悪非道な人間の鋭さ、いやらしさが足りない。そこでサングラスをかけ、自分の眼を隠すことを提案したのである。

役づくりに関しては深作監督にも相談せず、ほとんど自分一人で考えた。

忘れられないのは映画の終盤、欣也ちゃんに銃撃されたシーンだ。

大友というのは向こう見ずなイケイケのヤクザではあるが、ボンボン育ちゆえの弱さや、もろさもある。守勢に回ると、その弱さが顔を覗かせるのではないかと、私は想像したのだ。

欣也ちゃんに銃を向けられた私は子分を隠れみのに後ずさるように逃げるのだが、撮影現場の隅に段ボールが積んであることに気づいた。私はとっさの判断で、これを使うことにした。

ピストルの銃弾相手に段ボールが役に立つはずはない。しかし、人間、何がなんでも助かりたいと思えば、段ボールにも頼るのではないか。大友のような人間なら、なおさら、そういう行動に出るはずだ。

私は慌てふためき、段ボールを目の前に掲げ、転がり回って逃げた。

これには深作監督も大喜び。私の臨機応変なアイデアは大歓迎だった。私も、こうした演技プランを考えるのが好きだから、毎日、楽しくてしかたなかった。

しかし、一日が終わると、もうクタクタだった。

「千葉ちゃん、キンタマ掻《か》けるか」

私の役者人生を変えた映画は何本かあるが、『仁義なき戦い　広島死闘篇』は確実に、そのうちの一本だ。

北大路欣也ちゃんの強い要望により、私が演じる役は敗戦の鬱屈を抱えてヒットマンとなった山中正治から、下品で狂暴な愚連隊のリーダー・大友勝利に変更となった。

クランクイン直前の土壇場で、一から役づくりをして、セリフを覚えなければならなかったのだから、当然、苦労はあった。しかし、その苦労は無駄ではなかった。今となっては、大友勝利という悪役に巡り合えたことは、このうえない幸運だったとさえ思っている。

この作品で私の役者としての幅は大きく広がった。なにしろ、素の自分は、一切出さなかったのだから。

どうしたらカッコ悪く見えるか、どこまで観客に無様な姿をさらすことができるか……そんなことばかりを考えて演じた。ところが、それが思いのほか楽しかったのである。それまでの作品とは一味も二味も違う充実感があった。つまり、「悪」を演じることの面白さに気づいたのだ。

『仁義なき戦い』シリーズ５部作の第１作から第４作までの脚本を手がけたのは笠原和夫さんである。その笠原さんが一番気に入っているのも、この第２作『広島死闘篇』だ。

すでに話したように、１９２７年生まれで、軍隊経験のある笠原さんが肩入れしたのは山中正治。

彼が「予科練の歌」の口笛を吹くのは笠原さんのアイデアであり、言ってみれば山中は笠原さんの分身でもある。

ところが、笠原さんより3歳年下の深作欣二監督の認識は違った。

終戦時に中学生だったこともあり、気分としては戦後をアナーキーに、欲望のまま生きる大友勝利にがぜん、肩入れしたのである。それが演出にも現れた。

大友の、あのキレっぷり、弾けっぷりは、深作さんの演出でなければ生きなかったはずだ。私が造型した大友の狂暴さや滑稽さを、鮮やかにフィルムに焼きつけてくれたのである。

後で知ったのだが、深作監督は最初から私が大友勝利を演じたほうが面白いと考えていたようだ。だから、欣也ちゃんが翻意し、「大友勝利は嫌だ。山中正治のほうを演じさせてほしい」と言い出したのは、渡りに船だったのだと思う。きっと私が困惑するであろうことを想像し、ニヤニヤほくそ笑んでいたはずである。

私は深作欣二という男に、試練を与えられたとも言えるだろう。そして、私は撮影直前まで悩みに悩んだが、現場に入ったときには完全に吹っ切れていた。自分でもびっくりするほど、リミッターが外れてしまったような演技をすることができたのである。深作監督には感謝しかない。

深作監督の演出で忘れられないシーンがある。

大友と、その子分が新聞記者を集めて犯行声明を発表するシーンだ。大友は梅毒を病んでいるという設定であるため、監督は、こんなリクエストをしてきた。

「おい、千葉ちゃん。キンタマ、掻けるか」

私に、躊躇《ちゅうちょ》する気持ちは一切なかった。

「いいですよ。監督、どうせ掻くんだったら、ズボンの中に手を突っ込んで掻きましょうか」

私が実際にズボンの中に手を突っ込もうとすると、

「それはやめろ！　そこまでしなくていいよ」

現場に居合わせた人たちは大爆笑だった。

深作監督の現場は、すさまじい熱気と緊張感に包まれている。しかし、ときには、こうして笑いが訪れる瞬間もあるのだ。それこそ深作組ならではの一体感であり、その一体感が最高の結果をもたらしたのが『仁義なき戦い』シリーズだった。今も世界中の映画ファンが熱狂するのも当然だろう。

『広島死闘篇』が公開されるや、映画ファンの反応を知りたくて、私はこっそり映画館に行った。

上映が終わると、観客のこんな声が聞こえてきた。

「クレジットには千葉真一の名前があったけど、出ていたっけ？　俺は気がつかなかったけど」

私としては「してやったり」の気持ちだった。それまでの千葉真一のイメージをすっかり裏切ることができたのだから、役者冥利に尽きる。家に帰って、結婚したばかりの（野際）陽子と祝杯を挙げたものである。

映画関係者や映画ファンの評価も高く、一様に褒めてくれた。

「千葉ちゃん、あの演技、すごいね。ひょっとして、あれは地じゃないの？」

だが、女性ファンの評価は芳しくない。当時の私は『キイハンター』の影響で、少女雑誌の表紙を務めるほどだった。彼女たちには、かなりイメージダウンとなったようだ。

そんなことより私が残念でならないのは、再び大友勝利を演じられないことだった。大友は第5作の『完結篇』にも登場する。しかし、私は主演した空手映画が次々に当たり、スケジュールが空かなくなってしまったのだ。私の代わりに演じたのは宍戸錠さんだった。完成した作品を観ながら、私なら、どう演じただろうかと思ったものである。

梅毒で頭がイカれてしまった晩年の大友勝利。タイムマシンがあるなら、もう一度、あの年に戻って大友を演じてみたい。

今も人気の最凶キャラクター

『仁義なき戦い』シリーズの大きな魅力は、さまざまな役者が演じたキャラクターの面白さでもある。

シリーズ全体の主人公でもある文ちゃん（菅原文太）をはじめ、辰ちゃん（梅宮辰夫）、金子信雄さん、小林旭さん、成田三樹夫さん、松方弘樹ちゃん、北大路欣也ちゃんといった個性的な役者が、それぞれの役を作り上げ、映画を大いに盛り上げた。

だから『仁義なき戦い』を特集した雑誌やMOOKでは、こうしたキャラクターの人気投票が行われるわけだが、上位3位に入るのは、だいたい決まっている。

筆頭はもちろん、文ちゃんが演じた主人公の広能昌三。もう一人が広能にさんざん苦い思いをさせる狡猾《こうかつ》な組長・山守義雄。金子信雄さんの当たり役となった。

そして、もう一人が、私が演じた大友勝利である。

広能役の文ちゃんと山守組長役の金子さんは5部作すべてに出ている。ところが、私が出たのは第2作の『広島死闘篇』だけ。にもかかわらず、ここまで人気があるのだから、本当にうれしい。

私が演じた大友勝利が、いかに映画ファンに強烈なインパクトを与えたか、その証左である。

大友のセリフがまた際立って下品で、野卑で、強烈だった。『仁義なき戦い』シリーズには数々の名セリフが存在し、熱狂的なファンになると、こうしたセリフをすべて暗記してしまっているから、我々役者のほうが驚かされる。

大友勝利の場合、この連載でも、すでに取り上げた「言うならあれら、オメコの汁で飯食うとるんぞ」のセリフがあまりにも有名だが、まだ、他にもある。

「あいつらの風下に立ってよ、センズリかいて仁義で首くくっとれいうんか！　おお？」

「もし、あいつらが飯食えんようになったら、あんたらも飯食えんような体になってもらいますけん」

演じた私が呆《あき》れるほどの狂暴さである。

その後のヤクザ映画にも大きな影響を与えたのは間違いなく、ヤクザを演じる俳優が「千葉さんがやった大友勝利のようにやりたい」と、モデルにするケースも少なくないらしい。

評論家やファンの中には、映画史上最強、最悪、最狂のキャラクターだと評価してくれる人もいる。

そんな危険なキャラクターにスクリーンを所狭しと大暴れさせたのが、深作欣二監督である。

私が主演した『カミカゼ野郎　真昼の決斗』やテレビドラマの『キイハンター』でも、すでに深作監督は手持ちカメラの機動力を生かした映像を撮っていたが、『仁義なき戦い』で見せた臨場感あふれるカメラワークは冴えに冴え渡った。

とにかく画面が常に動的なのである。俳優が動いていなければカメラが動き、カメラが動いていなければ役者が動き回るといった感じなのだ。狭い空間の中を銃弾が飛び交い、白刃が入り乱れ、血まみれの肉体が路上を転げ回る。それを捉えるカメラワークは、従来の日本映画にはなかったほどスピーディで、何度観てもワクワクさせられる。

深作監督は撮り始めたら、とにかくしつこい。徹底的に粘る人だ。「どうして、こんなカットを撮るのだ」と思うことも少なくなかった。『広島死闘篇』では3台のカメラで同時に撮ることさえあった。しかも、そのうちの1台は監督自身が自分で持って撮影するのである。当時、こんな手法で撮影する監督は、私の知る限り他にはいなかった。

映画の冒頭、私が欣也ちゃんに殴る蹴るの激しい暴行を加えるシーンがある。これも3台のカメラで撮影した。やられっぱなしの欣也ちゃんが必死になってトラックの下に潜り込むのだが、これを違う角度から撮るのだ。当然、カメラマンが映り込んでしまうこともあるのだが、深作監督は気にしない。

編集の段階で切ればいいというのが深作流なのだ。監督から、こんな話を聞いたことがある。

「周りになんと言われようが、絵は撮れるだけ撮っておけばいい。自分が納得いくまで撮ることだ。撮っておきさえすれば、あとでつなげられるから」

深作さんは画家のような監督でもあった。

普通、映画監督は主人公を演じる俳優を筆頭に、主要キャストを、どう撮るかに腐心する。ヤクザ映画の対決シーンであれば、主人公と、その相手役にスポットを当てる。背後にいるチンピラたちにピントが合ってなくても、そんなことは大した問題ではない。

ところが、『仁義なき戦い』での深作監督は違った。カメラの前にいる私たち以上に、遠くにいる、その他大勢のチンピラの動きを見つめる。そして、ときには厳しい注文を出し、助監督が、それを伝えに全力で走って行くのである。要するに、前方より後方から構図を作っていくのが、深作さんの演出なのだ。

その他大勢のチンピラを演じるのは、いわゆる大部屋俳優である。深作監督は彼らの表情や動きを重視した。当然、大部屋俳優たちはみんな「俺が、俺が」と張り切って表情をつくり、ときには本当に血まみれになって乱闘を繰り広げた。

これこそ、深作監督が意図した群像劇だった。撮影現場に充満するエネルギーは、そのまま映画の面白さとなったのである。

一番輝いたのは大部屋俳優

東映には京都撮影所と東京撮影所がある。

京都撮影所は時代劇、さらに任侠映画といった東映のドル箱作品を製作してきた本流だ。それに対し、現代劇を中心に製作してきた東京撮影所は傍流のような存在だった。そして、私も深作欣二監督も、東映の東京撮影所で育った。

そんな深作監督が初めて京都撮影所に乗り込んで撮ったのが『仁義なき戦い』シリーズである。言ってみれば外様のような存在だ。私をはじめ、文ちゃんや弘樹ちゃんといった主演級の俳優は知っていても、川谷拓三や志賀勝ら京都組の大部屋俳優とは、ほとんど面識がなかった。

にもかかわらず、深作監督は大部屋の連中に熱狂的に受け入れられた。

なぜなら、深作監督は彼らの話を真剣に聞いたからである。深作監督は毎晩、撮影が終わると、スターと大部屋俳優の区別なく飲みに誘った。飲めば、当然、映画の話になる。

映画に出る以上は少しでも目立ちたい——そう考える京都組の大部屋俳優たちは自分の役を、どう演じたいか、次々にアイデアを出したのである。

深作さんが素晴らしいのは、そのアイデアが面白かったら、どんどん撮影現場で採用したことである。

「もっとやれ！　もっと目立て！」

それが、深作監督が『仁義なき戦い』に出演した端役の役者たちに求めたことだった。

その狙いは明らかだ。主役から脇役、端役まで一人一人が自分を目立たせようと、せめぎ合うことで生まれる熱気や勢いやエネルギーを、スクリーンに表現したかったのである。

深作監督の主役俳優以外に対する目の配り方がまた、すごかった。普通の監督は大部屋俳優の名前など、まず覚えない。しかし深作監督は彼らの名前をすべて覚えていて、あいさつしたり、指示を出すときに必ず「○○君」と名前で呼んだりするのだ。

聞くところによれば、監督室のデスクの上に写真と名前を貼って覚えたらしい。いずれにしても、ポスターに名前も出ない大部屋俳優にしてみれば、こんなにうれしいことはない。

しかも、先に話したように、深夜まで監督やスタッフと一緒に飲むのである。みんな、撮影所に入ってきたときには眼は真っ赤になっているわけだが、深作監督は、それも大歓迎だった。

「よし、今日も眼が血走っているな。リアルだよ。すごくいい」

こうした深作イズムの中で大ブレイクした役者の一人が川谷拓三、私たちの間の愛称で呼ばせてもらうなら、「拓ボン」である。私が大好きな、役者根性の塊のような男だ。

『広島死闘篇』では私が演じる大友勝利にさんざんいたぶられたあげく、最後に殺されてしまう役だった。ここで拓ボンが見せたのは撮影現場にいた全員が驚くほどの、命がけの芝居だった。

最初は両手首をロープで縛られ、大友組のボートに海面を引っ張られるシーンだ。ところが、拓ボンの体がクルクル回転して海中に潜ってしまったのだ。そのまま、浮き上がってこない。慌てて救命具を投げ、引き揚げたのだが、水もたくさん飲んでいて失神状態だった。心臓マッサージをして、なんとか回復し、事なきを得たのである。

次は木に吊《つ》るされ、銃の標的にされるシーンだ。銃弾が当たったように見せなければならないのだが、足が地面についていない状態でリアクションをするのは、非常に難しい。よほど腹筋と背筋が強くなければ、できない演技だ。まして拓ボンは毎晩のように酒を飲んでいるから、それだけの筋力があるはずはない。

深作監督は中途半端な芝居を許さない人だから、できるまで何度でもやらせる。リアリティを表現するために徹底的に粘るのだ。しかし、うまくいかない。やむなく、監督は私に助けを求めた。

「千葉ちゃん、ちょっと、やって見せてよ」

私は実際に木に吊るされ、模範演技を見せ、さらに一つだけコツを教えた。こういうときは、あれこれ細かく言っても、しかたがない。

「まず体の撃たれる部分を前に張り出し、弾が当たった瞬間、思い切り引くようにするといい」

これで彼は、なんとか監督からOKをもらう演技ができたのである。

拓ボンは『広島死闘篇』における必死の演技が認められ、続くシリーズ第3作の『代理戦争』（1

973年）では、ヘマをやらかして指を詰める代わりに、手首まで切り落としてしまう過激なヤクザの役に抜擢された。

当初、予定されていた荒木一郎さんが「広島ロケが怖い」という理由で降板したため、役が回ってきたのだが、拓ボンは、これを見事に演じ切った。

しかも、この作品で初めて、映画のポスターに「川谷拓三」の名前がクレジットされたのである。

そのポスターを映画館で見つけた拓ボンは、こうつぶやいたそうだ。

「ワシ、今、この場で死んでもええわ」

映画の面白さとは、拓ボンのような大部屋俳優による命がけの芝居があるから生まれるのだ。深作欣二監督は誰よりも彼らの気持ちを理解している映画監督だった。

空手映画ブームの到来

『仁義なき戦い』が大ヒットした1973年の暮れに1本のアクション映画が公開され、世界的なブームを巻き起こした。

ブルース・リー主演の『燃えよドラゴン』だ。映画公開時にはすでにブルース・リーが亡くなっていたこともあり、話題はますます膨れ上がり、彼は伝説のヒーローとなったのである。

余談だが、ブルース・リーは、香港でもオンエアされた『キイハンター』の大ファンで、彼から私に共演のオファーがあった。もちろん、大歓迎だ。すっかり、その気になっていたのだが、お互い忙しく、なかなかスケジュールの都合がつかない。ようやく「さあ、会って具体的な話を進めよう」となったとき、彼は急逝してしまった。今考えても、残念でならない。

『燃えよドラゴン』の大ヒット以来、香港のカンフー映画が日本でも続々と公開された。機を見るに敏な東映が、そのようなブームを黙って見逃すはずはなく、空手映画の製作に乗り出した。香港が「カンフー」なら、日本には「空手」があるというわけだ。そして、そのほとんどに主演したのが私である。

実は、私が空手映画に主演したのは『燃えよドラゴン』より早い。それが、同じ73年春に公開された『ボディガード牙』だ。

これは梶原一騎氏原作の同名漫画の映画化で、私は空手を得意とする主人公の牙直人を演じた。監督は『キイハンター』でも何度もメガホンを取り、アクション作では高い評価のあった鷹森立一監督。

映画は当たり、秋には続編の『ボディガード牙　必殺三角飛び』も公開された。

おそらく日本で空手映画がブームになる下地は、すでに出来上がっていたのだろう。梶原一騎氏原作の『空手バカ一代』の連載が71年から少年マガジンで始まり、2年後にはテレビアニメの放送もスタートした。言うまでもなく、『空手バカ一代』は極真会館を主宰する大山倍達先生を主人公とした物語である。

こうした漫画やアニメの影響もあって、当時の極真会館には連日、入門者が押し寄せたそうだ。

実は、映画『ボディガード牙』シリーズには、私が演じた牙直人が崇拝する空手家役で、大山倍達先生本人が特別出演している。

そして、私は、その10年以上前に大山先生の知遇を得ていた。

もともと、私は学生時代から格闘技に興味があり、松濤館流の四谷道場に通った経験があった。たしか映画界に入って間もない21歳頃だと思うのだが、ある方の紹介で大山先生にお会いした。まだ極真会館になる以前、池袋にあった大山道場の時代だ。

この時代、他の空手の流派は寸止めのルールが作られていたが、大山先生の信念は「相手を倒すために打ち、それに耐えられる強靭《きょうじん》な肉体を作り上げる」というもの。道場では、ほぼなんでもありの稽古をしていた。まさしく実戦空手であり、それが衝撃的だった。

大山先生に弟子入りした頃、門弟は50人ほどだったから、私は弟子の中では古いほうと言えるだろう。

大山先生が門弟たちを前に、繰り返し口にされていた言葉がある。

「力なき正義は無能なり、正義なき力は暴力なり」

数学者であるブレーズ・パスカルの『パンセ』に書かれている文章からの引用である。大山先生は、この言葉を中学時代に教科書で知り、以来、座右の銘としてきたのだそうだ。

「男は強くなければならない。強くなかったら、本当に優しくなることもできない。自分が愛する人や、大切な家族を守れるのは強さがあるからだ」

それが大山先生の基本的な考え方なのだが、単に強さを肯定していたわけではない。自分に非があるときは素直に、それを認めて反省し、自分の糧とすることの大切さを説いた。そして、本当に強いというのは、これみよがしに力を誇示するのではない。誰に対しても常に謙虚であり、誠実でなければならないというのが大山先生の教えだった。

その頃、私は毎週、道場に通い、ときには大山先生に1対1で稽古をつけてもらったこともある。すでに私も黒帯になっていたが、まるで歯が立たなかった。大山先生は身長175センチ。当時としては長身の部類に入るだろう。しかし、それよりすごいのは、胸囲が130センチもある体の厚みだ。威圧感やオーラにあふれ、目の前に立っているだけで圧倒された。

私が本気で打ち込んでも、ビクともしなかった。少しも効いていない。攻撃もかなり手加減してくれていたのだが、それでも大山先生の軽い蹴りを受けた太ももは痺《しび》れ、内出血を起こして腫れ上がった。

そんな大山先生本人の役を私が演じることになるのだから、人生は面白い。

全米を熱狂させた「サニー千葉」

1974年から77年にかけて、私の主演映画のほとんどは空手映画だった。『燃えよドラゴン』

大山倍達先生、極真会館門弟たちとの雪上特訓

によって幕を開けた空手ブームに乗って、大ヒットが続いたのである。

私が所属した東映は1本当たれば、すぐに続編を製作するのが当たり前だった。『仁義なき戦い』がそうであるように、私の空手映画も、「柳の下のドジョウ」のことわざにならえば、ドジョウは柳の下に何匹もいたことになる。

まず74年2月から始まったのが『殺人拳』シリーズである。『激突！殺人拳』、『殺人拳2』、『逆襲！殺人拳』、『子連れ殺人拳』と、4作続いた。

同じ年の夏から作られたのが『直撃！地獄拳』と『直撃地獄拳　大逆転』。この2作は、『地獄拳』シリーズの名で呼ばれ、メガホンを取ったのは高倉健さんの『網走番外地』シリーズで知られる石井輝男監督である。

私が演じたのは空手の達人でもある甲賀忍者の末裔《まつえい》。第1作の『直撃！地獄拳』には、香港映画で活躍した倉田保昭さんも出演した。

倉田さんは本作が日本映画復帰第1作目であり、他に池部良さんや津川雅彦さん、さらにボクシングの元WBA世界チャンピオンの西城正三さんらも出演し、多彩なキャストも大いに話題になった。石井監督らしいギャグやグロテスクな風味も加えた異色のアクション映画でもあった。

75年からは『けんか空手』シリーズがスタートした。私が極真空手の創始者である大山倍達先生にふんしたこのシリーズも、『けんか空手　極真拳』、『けんか空手　極真無頼拳』、『空手バカ一代』と3作続いた。

このシリーズについては大山先生が東映に対し、「私を主人公にした映画を作ってはどうか」と働きかけたようだ。もちろん、演じるのは門弟の千葉真一しかないと考えたのだろう。東映サイドも空手映画のブームは続いているし、すでに極真会館の門弟は日本だけにとどまらず、世界中に何百万人もいたから、興行的なメリットは大きいと判断したに違いない。

それにしても、我ながら、よく、これだけの空手映画に出たものである。

先ほど挙げた以外に、75年には『少林寺拳法』にも主演している。さらに『燃えよドラゴン』以前に公開された『ボディガード牙』シリーズ2本を加えれば、私はわずか数年の間に12本の空手映画に主演したことになる。

多忙を極め、プライベートな時間をほとんど持てない時期でもあったが、予期せぬ果報が私を待っていた。それは海外における高い評価だった。

カンフー映画の本場の香港をはじめ、シンガポール、インドネシアなど東南アジアで大ヒットを記録しただけでなく、アメリカでも興行的に大成功を収めた。

きっかけは『激突！殺人拳』だった。

たまたまヤクザ映画の買いつけのために来日していたニュー・ライン・シネマのスタッフが、この映画を観て感動し、すっかり心変わりしてしまったのである。

「千葉のアクションはホンモノだ。ブルース・リーの映画より素晴らしい。アメリカで当たるとしたら、ヤクザ映画より、間違いなくこっちだ」

ニュー・ライン・シネマはすぐに『激突！殺人拳』の全米での放映権を買い取り、『The Street Fighter』のタイトルで公開することを決めた。同時に、私の英名は「Sonny Chiba（サニー千葉）」となった。名づけ親は当時の同社社長ロバート・シェイ氏だった。

ニュー・ライン・シネマの思惑通り、映画は大当たりした。『エアポート'75』や『オデッサ・ファイル』、ミュージカル『星の王子さま』といった大作を抑え、3週間で興行成績はベスト5に躍り出たのである。ブルース・リーの映画を上回るヒットとなった。

『激突！殺人拳』は、アメリカの俳優や映画関係者のほとんどが読むといわれる、エンターテイメント系情報誌『バラエティ』にも取り上げられたのだが、これは日本映画としては初めての快挙だった。「サニー千葉」の名前も、瞬く間に全米で知られることとなった。

こうした成功もあり、ＲＫＯ劇場など当時のニューヨークの老舗映画館でも上映された。映画評論家に高く評価された黒澤明監督の名作がアートシアター系の小さな劇場でしか上映されなかったことを思えば、異例のことだった。

その後も『殺人拳』シリーズをはじめ、私の空手映画は次々に全米で公開され、多くのサニー千葉ファンを生むこととなった。

クエンティン・タランティーノ、キアヌ・リーブス……そして、サミュエルもその一人である。そう、『アベンジャーズ』（２０１２〜19年）、『スター・ウォーズ』（１９７７〜２０１９年）。シリーズなどで知られるハリウッドのスーパースター、サミュエル・Ｌ・ジャクソンだ。

後年、私がロサンゼルスに移住し、ハリウッドの撮影所に見学に行ったときのことだ。私を見つけると、サミュエルのほうから近づいてきた。

「サニー！　こんなところで会えるなんて、今日は最高に幸運だよ。ぜひ、サインをください」

聞けば、私の映画は『柳生一族の陰謀』など時代劇も見ているという。私は喜んで、用意してもらった色紙にサインした。

ニューヨークの人々に囲まれる

自分が主演した空手映画『激突！殺人拳』がアメリカで大ヒットしているという話を聞いても、私は半信半疑だった。

すでに黒澤明、小津安二郎、溝口健二といった日本が誇る巨匠の作品が海外では高く評価されていた。海外の映画祭で次々にグランプリを獲った実績もある。しかし、評価したのはヨーロッパの映画評論家や文化人であり、映画そのものが劇場でヒットしたことはなかった。まして映画の本場であるアメリカで日本の映画がヒットしたことなど、過去に一度もなかった。

そんな私が確かな手応えを実感したのは『激突！殺人拳』の配給元であるニュー・ライン・シネマを通して届いた、たくさんのファンレターだった。

「こんなアクションができるスターを見たことがありません。感動しました」

「一度でいいから、サニー千葉、あなたに会いたい」

手紙に記されていたファンの熱い言葉に、私のほうが感動してしまった。

「これは一度、現地に行って、確かめなければ」

そう思った私は撮影の合間を縫うようにして渡米し、ニューヨークの映画館に行ったのである。

もちろん、サニー千葉であることがバレないように、サングラスと帽子姿で、こっそり劇場に入った。

驚いたのは本編が始まる前の映像だった。黒人俳優がストリートファイトをしている場面が流れたので、怪訝《けげん》に思っていると、黒人の一人が、いきなり客席に向かってしゃべり始めた。

「ちっちっ、こんな程度で驚くのは、まだ早いぜ。日本から、とんでもない野郎がやって来たんだ。さあ、見てくれ！」

ここから、いよいよ『激突！殺人拳』が始まるのだ。要するに、ニュー・ライン・シネマが独自にイントロ映像を制作し、本編にプラスしてくれたのである。

その意図は、すぐに分かった。これから映画を観る人たちに「サニー千葉が、いかにすごいヒーローか」を強く印象づけたいのだ。話題の空手映画とはいえ、私にはまだブルース・リーのような知名度はない。それどころか、まったくの無名俳優だ。そんな私を売り出すための戦略として、新たな映像を付け加えたのだ。

私は、ここまでしてくれたニュー・ライン・シネマの気持ちに感謝すると同時に、映画大国アメリカの商魂に驚いた。

驚きは翌日も続いた。夕方、セントラルパークでジョギングをしていると、数人の黒人が近づいてきた。1970年代のニューヨークは治安も悪く、友人からも忠告されていた。

「セントラルパークは殺人事件も多い場所だから、気をつけたほうがいい」

私は緊張し、身構えた。極真空手の黒帯とはいえ、異国の地でトラブルは起こしたくない。まもなく黒人の一人が口を開いた。

「アー・ユー・サニー・チバ?」

その口調と笑顔から、どうやら私のファンであることはすぐに分かった。

「イエス」

「オーマイガッ!」

大喜びで彼が口笛を吹くと、10人くらいの仲間が集まってきて、その場で即席のサイン会が始まってしまったのである。中には、空手を見せてくれと頼んでくるヤツもいた。

「サニー千葉の映画を真っ先に支持したのは、ダウンタウンの黒人だった」

と、ニュー・ライン・シネマのスタッフが教えてくれていたが、本当にその通りだった。黒人などの貧しい層に希望を与えられるヒーローになれたのだとしなら、こんなにうれしいことはない。

数日間のニューヨーク滞在を終えて帰国した私は、当時の東映社長だった岡田茂さんのところに行って、直談判した。

「アメリカに行って、勝負させてください」

独立するのではなく、東映の役者としてアメリカで挑戦するつもりだと言ったのだが、岡田さんは強く反対した。

「ハリウッドが、どういうところか分かっているか。金儲けに関しては名うてのユダヤ人が牛耳っている世界だぞ。ケツの毛まで抜かれるから、やめとけ」

どうやら、東映もアメリカへの進出を考えたことがあったらしい。しかし、著作権の問題などビジネス上のハードルがいくつもあって、断念したようだ。

私の心は揺れ動いた。岡田社長に逆らってでも、アメリカに行こうという気持ちもあった。しかし、考え抜いた末に、結局、日本に残ったのは、立ち上げて間もないＪＡＣがあったからだ。その活動がせっかく軌道に乗り始めたばかりなのに、私がいなくなれば空中分解しかねない。

もし、あのときアメリカに行っていたら、どうなっていただろうか。私のその後の役者生活だけでなく、日本の映画界も変わっていたかもしれない。実際、フランシス・フォード・コッポラ監督から「千葉真一とアル・パチーノの共演作を撮りたい」という話が東映に持ち込まれていたことは、後年、人づてに知った。

すでにブルース・リーは亡くなっていたし、ジャッキー・チェンもまだ無名の頃だ。私にも大いにチャンスはあったと思う。

海外で評価された『新幹線大爆破』

東映といえば、ヤクザ映画を連想する人が多いが、ヤクザ映画ばかり作ってきたわけではない。戦後の東映の屋台骨を長期にわたって支え続けたのは、京都撮影所で量産された時代劇だった。片岡千恵蔵さん、市川歌右衛門さん、萬屋錦之介さん、大川橋蔵さん、東千代之介さんら時代劇スターが、きら星のごとく輩出された時期である。

しかし、どんなブームも、いつまでも続くわけではない。私が東映に入社し、映画デビューした1960年頃から、時代劇も衰退していく。そして、時代劇と入れ替わるように観客の熱い支持を集めるようになったのが、任侠映画である。

ご存じの通り、任侠映画とは着流し姿の主人公が我満に我慢を重ね、最後に義理人情に駆られて、かたき討ちをするという勧善懲悪ドラマだ。このジャンルでスーパースターとなったのが高倉健さんであり、鶴田浩二さんだった。60年代は任侠映画の時代だったとも言えるだろう。

ところが、やがて任侠映画も観客の心をつかみきれなくなる。そこに現れたのが新しいヤクザ映画だった。そう、深作欣二監督の『仁義なき戦い』シリーズを筆頭とする一連の実録ヤクザ映画だ。73年のシリーズ第1作が当たると、次々に実録ヤクザ映画が製作された。だが、『仁義なき戦い』を超える作品が生まれることはなかった。

東映も新たな鉱脈を探り当てようと試行錯誤を重ねた。そこから生まれ、大ヒットしたのが、私が主演した一連の空手映画であり、『柳生一族の陰謀』をはじめとする本格時代劇だった。

一方、日本での観客動員こそ伸びなかったが、斬新なアイデアが海外から高く評価された作品もある。それが1975年に公開された『新幹線大爆破』だ。新幹線に仕掛けられた爆弾を巡る、いわゆるパニック映画である。

博多行きの新幹線ひかり109号が東京を出発してまもなく、「時速80キロ以下になると爆発する装置を仕掛けたから500万ドル（当時のレートで15億円）よこせ」という電話が国鉄（現在のJR）にかかってくるのが事件の始まりだ。

犯人は倒産した小さな精密機械工場の社長をリーダーに、過激派崩れと職にあぶれた若者の3人。社長を演じるのが高倉健さんだ。

任侠映画のヒーローを演じてきた健さんには珍しい悪役である。健さんも期するものがあったはずだ。

私は以前から、健さんには悪役を演じてほしいと考えていた。健さんは私の憧れであり、役者としての姿勢はもちろん、一人の男としての生き方にも大きな影響を受けた。そんな健さんだから、彫りの深い悪役を演じられると思ったのだ。期待通り、健さんは、この映画でアウトローの複雑な心情を見事に表現している。

私の役は新幹線の運転手だ。そして、爆破を阻止するために指令室から指示を出す運転指令長に宇津井健さん。物語の軸となるのはこの3人なのだが、他にも志村喬さん、丹波哲郎さん、山本圭さん、田中邦衛さん、小林稔侍さん、北大路欣也ちゃん、志穂美悦子と、東映オールキャストと言っていい役者が顔をそろえた。

私は脚本を読んだ段階から、これは間違いなく面白い映画になるだろうという手応えを感じた。ハラハラ、ドキドキさせるだけでなく、細部の描写もリアルに練り上げられている。

しかし、克服すべき高いハードルがあった。私に限らず、関係者の誰もが「肝心の国鉄が新幹線を爆破するなんて映画に協力してくれるだろうか」と心配した。

案の定、国鉄は撮影の協力を一切、拒否した。理由は「模倣犯が出たら困ります」というものだった。安全を守る側としては当然の言い分だろう。

しかし、これで諦めないのが当時の映画屋の反骨精神だ。東映の美術スタッフは駅のホームから指令室、新幹線の座席や運転席まで、すべて手作りで再現してしまったのである。今観ても、セットとは思えないほどリアルにできている。

こうした気概は私たち役者にも伝わる。全員が迫真の演技で応えた。

全編が見せ場の連続のような作品だが、私が忘れられないのは、前方の故障車を避けるために、別の新幹線が走っている上り線に突っ込んでいくシーン。

私が運転する新幹線は80キロ以下にはスピードを落とせないため、目の前に迫る上り線の新幹線を分岐点ぎりぎりのところで、かわさなければならない。

このときの私と宇津井健さんのやりとりは映画ならではの緊迫感に満ちている。運転席の私と指令室の宇津井さん。両者をカットバックでつないだ手に汗握る映像は、数々の大作を手がけた佐藤純彌監督の手腕だ。

これほど面白い作品でありながら、『新幹線大爆破』は国内では当たらなかった。ところが、翌年、フランスで公開されるや、大ヒット。その後のパニック映画にも大きな影響を与えた。

最も分かりやすい例が、ヤン・デ・ボン監督の『スピード』（94年）だろう。新幹線をバスに変えただけで、アイデアは明らかなパクリだ。

しかも『スピード』の主演俳優キアヌ・リーブスは子どもの頃からサニー・千葉、つまり、私に憧れていたというのだから、不思議な縁を感じる。まさに、映画に国境はない。

みたび演じた武闘派ヤクザ

私が大友勝利という希代の狂暴なヤクザを演じた『仁義なき戦い 広島死闘篇』に連なる作品が2つある。『沖縄やくざ戦争』（1976年）と、『やくざ戦争 日本の首領』（77年）だ。『沖縄やくざ戦争』で演じた国頭正剛《くにがみせいごう》も、『日本の首領』の迫田常吉も、言ってみればバリバリの武闘派である。メーターの針が振り切れてしまった私の演技は、映画ファンに強烈な印象を与えたらしい。

ウソかホントか知らないが、懇意にしている映画関係者から、こんな話を聞いたことがある。

「千葉さんが演じた役があまりにも衝撃的で、カッコよかったから、その筋の世界に憧れるファンが増えたらしいですよ。千葉さん、責任を取らないと」

はたして、役者として、こういう評価を喜んでいいものかどうか……。まぁ、褒め言葉として受け取るべきなのだろう。

『沖縄やくざ戦争』と『やくざ戦争　日本の首領』は、いずれも監督は中島貞夫さんである。私が深作監督と並んで尊敬する監督だ。

ただし、観ていただければ分かるが、2つの映画のテイストは、まるで異なる。

『沖縄やくざ戦争』は『仁義なき戦い』シリーズを嚆矢《こうし》とする実録ヤクザ路線の映画である。それに対し、『やくざ戦争　日本の首領』は実録ヤクザ映画と往年の任侠映画の世界がミックスされたような作品だ。

「首領」を〝ドン〟と読ませるのは原作者の飯干晃一さんのアイデアで、スペイン語である。映画の内容は親子の情愛や家族の問題にまで踏み込んでおり、フランシス・フォード・コッポラ監督の代表作『ゴッドファーザー』（72年）を思わせなくもない。

キャストも豪華だった。首領の役を演じたのは佐分利信さん。おそらく、これが初めてのヤクザ映画出演だったと思う。それを支える若頭が鶴田浩二さん。すでにテレビの仕事が多くなっていた鶴田さんの3年ぶりの銀幕復帰で、2人の共演がずいぶん話題になった。

さらに、文ちゃん、辰ちゃん、松方弘樹ちゃん、恒ちゃん（渡瀬恒彦）、成田三樹夫さん、小池朝雄さん、金子信雄さん、田中邦衛さんと、70年代のヤクザ映画には欠かせない名優が顔をそろえた東映らしいオールスターキャストの大作だった。

　私が演じた迫田常吉はイケイケドンドンの武闘派であり、組織が勢力を拡大させていく中、その最前線で暴力行為を繰り広げる。しかし結局、首領に切り捨てられ、破門。獄中で壁に頭をぶつけて自殺した彼の遺書には、こう記されている。

「かしら、わしらもう、あほらしてやってられんわ」

　今も私の記憶に鮮明に残っているのは、刑務所に面会に来た兄貴分役の鶴田さんとのやりとりだ。

「人間、えろうなると、内面より外面を大事にするもんでんな」

　何も言えない鶴田さんに対し、私は頭を深々と下げてお願いする。

「かしら、かかあやガキのこと、よろしゅうたのんますわ」

　撮影では、鶴田さんが小さくうなずいたところで、中島監督の「カット！」の声がかかった。ところが、その直後に、鶴田さんがポツンとつぶやいたのである。

「おまえは、ホンマに可哀そうなやっちゃなあ」

　もちろん、この言葉は映画には収録されていない。しかし、私は涙がこぼれそうになるほど、うれしかった。

　迫田になりきっていた私の芝居に、鶴田さんが思わずシナリオにはない言葉を漏らしてしまったのである。それは鶴田さんが私の演技に感じ入った証しでもあった。役者稼業は、こういう瞬間があるから辞められない。

『日本の首領』は大ヒットした。それを受けて『日本の首領 野望篇』、『日本の首領 完結篇』と続篇が製作され、3部作の映画となった。第2作からは三船敏郎さんも出演。もちろん、三船さんにとっては、これが初めての東映映画出演だった。

私にとっては『日本の首領』の迫田常吉も忘れ難い役だが、それ以上に個人的に強い思い入れがあるのが、『沖縄やくざ戦争』で演じた国頭正剛である。

それだけ私の沖縄に対する思いが強いのだろう。今でも、この映画を観ていると、悲しくてやりきれない気持ちになる。

沖縄は古来よりアジア各国と交易を行い、国際色豊かな文化を育んだ独立国家・琉球王国として栄えた。しかし、薩摩藩の侵攻で江戸幕府に組み込まれ、明治維新後は廃藩置県によって沖縄県となった。さらに太平洋戦争で壊滅的な打撃を受け、多くの人が亡くなった。つまり、強い国によって虐げられてきたのが沖縄の歴史なのである。

国頭正剛は、そんな歴史を背負ったヤクザでもあるのだ。私はそのように思って、この人物を演じた。

悲しい歴史を背負った男の物語

『沖縄やくざ戦争』は私と弘樹ちゃんがダブル主演した実録ヤクザ映画である。

タイトルに明らかなように、沖縄を舞台とした作品で、時代は沖縄が本土復帰を翌年に控えた1971年。日本が高度成長の真っただ中にあった時期の沖縄で、実際に起こったヤクザ組織の内部抗争が描かれている。

私も詳しいことは知らないが、もともとは当時の岡田茂東映社長の命を受け、『仁義なき戦い』の脚本家でもある笠原和夫さんが『沖縄進撃作戦』という題名のシナリオができていたようだ。しかし、これが何か事情があって流れた。

間を置いて、脚本家を笠原さんから高田宏治さん、神波史男さんの2人に代えてシナリオが完成。中島貞夫監督の下、撮影が始まったのである。

なにしろ撮影当時も抗争が続いていたから、デリケートな問題がいろいろあったことは容易に察しがつく。沖縄では撮影も、出来上がった作品の公開もできなかった。だから、私も弘樹ちゃんも、このときは一度も沖縄を訪れていない。

しかし、東映は、それで手をこまねいているような会社ではない。港や街などの風景の一部は、ちゃっかり盗み撮りしている。助監督と、まだ売れる前だった恒ちゃんだけを沖縄に行かせて、一部を撮影したのだ。

あとの撮影は、すべて京都で行われた。

こういう映画作りは東映の得意とするところで、広島を舞台とした『仁義なき戦い』シリーズも、ほとんどは京都で撮影されている。時代劇でも、お寺の周辺を江戸時代の風景に見立てたり、琵琶湖を海に見立てたりするようなことは、しょっちゅうやっていた。こうした工夫やアイデアこそが活動屋精神なのだと私は思っている。

『沖縄やくざ戦争』で私が演じた国頭正剛には、もちろんモデルとなった実在の人物がいた。当時の沖縄は日本復帰が間近だから、本土からヤクザの大組織が乗り込んでくる。これに地元のヤクザが団結して対抗するのだが、国頭はその急先鋒《きゅうせんぽう》。ヤクザ仲間も一目置く危険人物で、一度暴れ出したら、手がつけられない。

映画は、彼が本土から進出してきた居酒屋に乱入するシーンで始まる。

拳でビール瓶を破壊し、手刀でテーブルを真っ二つ。おまけに店長にも暴行を働く。カーキ色のタンクトップに迷彩パンツのスタイルは、シルベスター・スタローンが演じたジョン・ランボーを思わせなくもないが、まだ映画『ランボー』（82年）は公開されていない。この格好は私のオリジナルのアイデアである。

そして、この程度の暴れっぷりはまだ序の口だ。

国頭は縄張りを荒らした舎弟（松方弘樹）の子分（室田日出男）に、目をそむけたくなるようなすさまじい制裁を行う。彼の睾丸《こうがん》をペンチで潰させ、その光景をアイスキャンディ片手に、ニヤニヤ笑って眺めているのである。

映画の中盤には、もっと強烈なシーンが用意されている。キャバレーで豪遊している本土のヤクザたちを前に、服を脱いで上半身裸になると、いきなりテーブルの上に飛び乗って、三線の音に合わせて、延々と空手の演武を披露する。

「ここは、おまえたちの来るところではない」

と、無言の威嚇をしているのだ。

しかも、彼らが苦り切った顔で店を出ると、今度は車でひき殺してしまう。武闘派という点では『仁義なき戦い　広島死闘篇』の大友勝利より上かもしれない。なにしろ琉球空手のかなりの使い手だから、喧嘩はめっぽう強い。

この後、国頭が殺した相手が本土から来た組織の大物だと分かると、沖縄側の組織の幹部連中もさすがに焦り始める。

「下手すりゃ、戦争になるかもしれん」

しかし、国頭は
「戦争だ〜い好き」

と、どこ吹く風である。

ヤクザ社会といえども、こんな男が受け入れられるはずもなく、結局、彼は味方の凶弾に倒れてしまうのである。

こうしてストーリーだけ書くと、国頭正剛を理屈の通じない傍若無人の男のように思われるかもしれない。しかし、そんな単純な人物ではない。沖縄の悲しい歴史を背負った、純粋な男なのである。むしろ強者に抗い、弱者の立場に立って行動した男だと、私は思って演じた。

中島監督からも、

「国頭が心に抱えた悲しみを精いっぱい表現してくれ」

と言われた。

国頭は物語の早い段階で死んでしまい、その後は弘樹ちゃんの物語になる。つまり、出番は少ない。にもかかわらず、私は京都市民映画祭の主演男優賞をいただくことができた。それだけ観客の心をわしづかみにする演技ができたのだと自負している。

なお、国頭が死ぬ場面は、今でも映画ファンの間で語り草らしい。何発もの銃弾を浴びて絶命し、前のめりに倒れるとき、勢い余って逆立ちしたような格好になるのだ。

こんな死に方は私しかできないだろう。実は中島監督にも伏せ、本番一発で撮影されたシーンだった。

The Way of the SAMURAI Actor

第3章

肉体は俳優の言葉だ

~日本映画のアクションを変えろ!

ジャパンアクションクラブの創設

テレビドラマ『キイハンター』が人気絶頂だった1970年。私はジャパンアクションクラブ、通称『JAC』を東京・中野区に創設した。理由は単純である。日本の映画やテレビドラマのアクションシーンを、もっと見栄えのするものにしたかったからだ。

もともと中学の頃からアメリカやヨーロッパの映画に接してきた私の目には、日本のアクション映画は物足りなかった。実際に俳優として現場を経験し、その思いはさらに強くなった。

『柔道一代』という映画で、私は主人公の柔道家を演じたことがあった。このとき、私は相手を投げ飛ばすだけでなく、投げられる側の役の吹き替えまでやらなければならなかった。投げるカットと投げられるカットを別々に撮影して、これを編集でつなぐわけである。

こんなことをしなければならないのは、私よりうまく投げ飛ばされる役者がいないからである。当時の日本映画界の実情を、ご理解いただけると思う。

事情は『キイハンター』でも同様だった。

私が敵を殴り、その敵が橋から落ちるシーンがあった。ここでも私は落ちる役のスタントまでしたのである。現場では落下した私を、スタッフが消防署から借りてきたマットで受け止めることになっていた。ところが、タイミングが微妙にズレて、岩に激突。肩鎖関節が離れ、そのまま入院である。当然、撮影は中断しなければならなかった。

『キイハンター』第53話「皆殺しの標的」撮影中のケガで、御茶ノ水名倉病院に入院

私はベッドの上で考えた。

「他人のスタントまで自分でしてるようじゃ、ダメだ。本格的に動ける俳優が自分だけという状況を変えない限り、日本は永遠にハリウッド映画と勝負できない」

自分以外にも、ちゃんとアクションのできる俳優を育てるしかないと思い立った私は、真っ先に尊敬する深作欣二監督に相談した。

「この際、思い切って、アクションのできる俳優を育てる学校を作ってみようと考えたんですが」

深作監督は一も二もなく大賛成だった。

「千葉ちゃん、素晴らしいアイデアじゃないか。すぐにでも作ってよ。俺も協力を惜しまないから」

この時点ではまだ、ＪＡＣの名前は決まっていなかったが、深作監督はその活動を全面的に支援してくれるだけでなく、そこで育った俳優を自分の監督作品で使ってくれることも約束してくれた。

こうして設立されたＪＡＣを、私は単なるスタントマン養成所にするつもりはなかった。ＪＡＣが教えたのは単なるアクションや肉体の鍛練だけではない。なぜなら、肉体は俳優の言葉であり、演技そのものであるからだ。

ＤＶＤのメイキング映像などで、アメリカ映画の撮影風景を見たことがある人なら、各シーンを撮るときに、監督が何と言うかを思い出してほしい。

「レディ、カメラ、アクション！」

監督は「さあ、演技しよう」と指示を出しているのだ。「アクション」を日本語で飛んだり跳ねたりすることだと勘違いしている人が多いが、そうではない。ＪＡＣとは「日本演技クラブ」でもあるのだ。

深作監督もまた、「演技とは肉体の言語を駆使することである」という話を、よくしたものだ。

「芝居は顔の表情だけでするものじゃない。五体、つまり、頭、首、胸、手、足という5つの肉体の部分を使って、感情を表現することなんだよ」

しばしば、うまい役者は顔が映らなくても、背中だけで哀愁や色気を表現できるといわれるが、これなども、まさにそうだ。肉体で喜怒哀楽を表現し、監督のあらゆる要求に応えるのが俳優という仕事なのである。

面白いもので、動ける役者は動きのない役をやってもスムーズにこなしてしまう。ところが、逆に動けない役者は動きのある役をやった場合、なぜか無様に見えるのである。

ハリウッド映画を観ていると、よく分かる。第一線の俳優はみんな、アクションがうまいし、動きの少ない、シリアスな芝居をやってもうまい。自分の肉体を、言語として見事に使いこなしているのである。

ＪＡＣではアクションはもちろん、演技のメソッドも、歌もダンスも呼吸法も教えた。私が東映の研修生時代に俳優座で学んだことは、すべて取り入れた。

ＪＡＣの卒業公演はミュージカルなのだが、これにも理由がある。ミュージカルは歌って、踊って、激しいアクションをして、その後でセリフをしゃべる。これは、背筋と腹筋を鍛えた腹式呼吸をマスターしていないと、できない。

そのためのトレーニングの一つに、走りながらの発声練習がある。腹式呼吸を完全にマスターすることにより、声はより遠くへ届き、動きながらセリフを言えるようになるのだ。

深作監督も、卒業公演には必ず駆けつけてくれた。舞台稽古に来て、指導してくれたこともある。

私は役者の卵たちの成長を見届けるのが、うれしくてしょうがない。元来、役者は役者を育てたがらないといわれる。後輩俳優を自分より大きくさせないためだ。しかし、私は、そんなことを考えたことは一度もない。むしろ、自分を超えていく役者を育てることが使命だと思っている。

心を磨けば、演技の輝きも増す

私が立ち上げたＪＡＣが、日本の映画やテレビの世界に与えた影響は計り知れない。アクションシーンのクオリティを格段に上げたと自画自賛しても許されると思う。

真田広之や志穂美悦子、大葉健二、黒崎輝ら、代役なしにアクションができる俳優が次々に育った。さらに数多くのJACのメンバーが、映画にテレビドラマに引っ張りだことなった。『柳生一族の陰謀』、『戦国自衛隊』（1979年）、『冒険者《アドベンチャー》カミカゼ』（81年）、『魔界転生』、『将軍家光の乱心 激突』（89年）など、私の主演作はもちろん、フィジカルなアクションが求められる映画には、たいていJACのクレジットが入った。

深作欣二監督の『蒲田行進曲』（82年）は、私と真田と志穂美がゲストで出演した映画だが、クライマックスは平田満演じる大部屋俳優の階段落ち。高さ10メートル、39段の階段から転がり落ちるわけだが、このシーンの吹き替えもJACのメンバーが行った。

テレビのヒーローものも、JACが支えたと言っても過言ではない。

その代表作が『仮面ライダー』（NET系・71年）だ。ショッカーはJACがやっていたし、仮面ライダーの吹き替えシーンもJACが務めた。仮面ライダーのキビキビした動き、キメのポーズも、すべてJACが編み出したものである。

たとえば、脚がピンと伸びたキックなど、私がアクション映画でやっていた動きそのもの。その後の戦隊ものを見ても、当時のJACの動きがベースになっているのは明らかだ。逆に言えば、CGを使うようになったこと以外、日本のアクションは半世紀前と何も変わっていない。

しかし、JACに入ってくる子たちはスタントマンを目指したわけではない。全員が俳優志望だ。

演技を基礎から学び、歌もダンスもできる俳優として成長していったのである。

真田や志穂美の活躍もあって、ＪＡＣの名前は広く知られるようになり、入会希望者は多いときには年間1万人を超えた。書類選考で５０００人ほどに絞り、最終的に合格するのは数十人である。

晴れて合格した子どもたちを前にした入学式で、私は、こんなあいさつをする。

「皆さん、映画俳優にとって一番必要なものは何だと思いますか」

全員が一生懸命、考えている様子である。演技力、個性、ルックス、監督の意図やシナリオを理解する力……彼らの頭に浮かぶのは、そんなところだろうか。しかし、私が言いたいのは、そんなことではない。

「これからの2年間は、自分自身ときちんと向き合い、自分自身と対話することが問われます。そして、俳優である前に、まず自分の心を磨き、一人の人間として、より魅力的になってください。そのためには我慢や自分を犠牲にする精神も必要となるでしょう。

しかし、それが心を磨くことにもつながるのです。心が磨かれ、素敵な人間になれば、俳優としても、どんどん魅力的になります。顔だって、自然に良くなり、多くの人から注目されるようになるでしょう」

つまるところ、役者の魅力とは一人の人間としての魅力なのだ。高倉健さんを見ればよく分かる。

健さんの演技、健さんの立ち居振る舞いの一つ一つが多くのファンをひきつけるのは、俳優である以前に高倉健という人間そのものに魅力があるからだ。何もしゃべらなくても、さまざまな感情

第7回JAC冬期合宿スキー競技大会の記念写真（1985年12月30日、志賀ビレッジ）

や思いを観客に伝えられるのは、表情や仕草に健さんの人生がにじみ出ているからなのだ。

私も多くの先輩俳優と出会い、親しくさせていただいたが、健さんほど周囲の人のことを考え、気遣いをされる方はいなかった。私自身、健さんに少しでも近づこうと努力してきたが、まだまだだ。一生かかっても、健さんには追いつけないだろうと思う。

私がＪＡＣの活動を通して育てたかったのも、健さんのような俳優である。健さんのようなスーパースターにはなれなくても、健さんのような心を持った俳優を育てたいと思った。

幸いなことに多くの俳優が、ここから育った。意外に思う方も多いようだが、伊原剛志や堤真一もＪＡＣの出身である。伊原はクリント・イーストウッドの監督作『硫黄島からの手紙』（２００６年）に出演するまでになったし、堤も今や日本映画界のトップランナーとして活躍している。

堤はＪＡＣに入ったばかりの頃から、キラリと光るものがあった。

「こいつは間違いなく、いい役者になれる」

そう思ったから、ずいぶん堤には目をかけた。しかし、裏切られた。JACのミュージカルをすっぽかしたうえ、「辞めたい」と言ってきたのである。

このとき、私は怒りを抑えきれず、気がついたときには堤の頬を一発、二発と張っていた。こうして、彼はJACを去った。

あとで分かったことだが、悪いのは彼のマネージャーだった。マネージャーが堤をそそのかしていたのである。もちろん、忙しさのあまり、堤との会話を怠っていた私の責任も大きい。

もちろん、今は堤に対して何のわだかまりもない。もっと大きな役者に成長してほしいと願っている。

サーカスにも入団させた真田広之

私と真田広之とのつきあいは長い。なにしろ彼が子役をしていた頃だから、半世紀を超えることになる。

初めての共演作は1966年公開の『浪曲子守唄』。彼がまだ5歳、私は27歳だった。この作品はシリーズで3本撮られ、真田とは彼が7歳になるまで共演することになった。

その後、彼は高倉健さんのヤクザ映画などに子役として出演し、中学入学と同時にJACに入ることを希望した。

しかし、私は彼のためを思って、こう言った。

「このまま芸能界の水に慣れるより、まずは学校で、ちゃんと勉強したほうがいい。義務教育だけはきちんと受け、それでも役者をやりたかったら、来なさい」

こうして真田はいったん役者を辞め、中学卒業と同時にJACに入団した。JACで修行しながら、堀越学園に通ったのである。

子役の頃から、とにかく芝居がうまかった。勘もいい。役者として大成すると踏んでいたのだが、再び会った真田には以前の輝きがまるでない。

それでも、深作欣二監督と私にとっての初の時代劇となる『柳生一族の陰謀』のオーディションに合格した。彼が演じたのは裏柳生の忍者の役である。

17歳での再デビューに際しては、芸名をそれまでの「下沢広之」から「真田広之」に変えた。千葉真一の「真」と、私の本名である前田の「田」を取り、「真田」としたのである。

同じ年に、真田は深作監督の『宇宙からのメッセージ』（78年）で主役にも抜擢された。この作品は前年に公開され、世界的に大ヒットした『スター・ウォーズ』の人気に便乗しようと企画されたもので、日本で『スター・ウォーズ』が公開される2か月前に封切られた。

しかし、映画は評価も興行成績も芳しくなかった。真田の演技も目を引くものはなかった。

この後、彼は『真田幸村の謀略』（79年）や『戦国自衛隊』に脇役で出演したのだが、どうも物足りない。アクションはこなすのだが、他の役者を霞《かす》んで見せてしまうようなスターの輝きがまるでないのだ。

転機となったのは『忍者武芸帖　百地三太夫』(80年)だった。これは東映の名物プロデューサー、日下部五朗さんが、私のところに相談に来た企画だった。

「今度、忍者物をやるんだけど、主演には体操のオリンピック選手を考えているんだ。千葉ちゃんの後輩の日体大出身だよ」

そう言って写真まで見せてくれたのだが、私は、その起用に疑問を感じた。

「彼は芝居をした経験があるんですか」

「ないけど、大丈夫だろ」

「いえ、そんなふうに役者を見られたら困ります。私も東映入社後、厳しい研修期間を経たから、今日があるわけです」

「じゃあ、他に、いい若手がいるかい?」

「います。真田広之です」

私は半ば強引に真田を推したのだが、日下部さんは不満な様子だった。

「あの子か。何作か観たけど、いま一つアピールするものがないんだよなぁ」

日下部さんの見立ても、私と同じだったのである。ここで、私は提案した。

「大丈夫です。撮影までに3か月ありますよね。この間に鍛え直し、真田を別人にしてみせますから」

こうして私は日下部さんを翻意させ、真田の主演起用を納得してもらったのである。私が彼を別人にするためにしたのは　親しい知人を介してサーカス団に1か月預けることだった。

真田は私の期待以上に頑張った。わずか1か月で、お客さんの前で空中ブランコを披露するまでに上達したのである。しかも、サーカスで培った動きやバランス感覚は映画にも生きた。地上30メートルの城からダイビングするシーンをはじめ、次々に危険なスタントを自ら、こなしたのである。

甘いマスクと長髪の忍者という設定も、女性ファンにアピールした。私が考える「肉体は俳優の言葉」を見事に実践したといってもいい。映画はヒットし、真田は『伊賀忍法帖』（82年）、『里見八犬伝』（83年）、『麻雀放浪記』（84年）、『カムイの剣』（85年）といった話題作に次々に主演し、スター街道を歩み始めた。

私が今でも彼の代表作だと思っているのは、深作欣二監督作『必殺4　恨みはらします』（87年）だ。私も殺し屋の一人として出演しただけでなく、アクションシーンをＪＡＣ総出演で支えた。

この映画で真田は初めて悪役に挑んだのだが、これが、なかなか魅力的なのだ。悪ならではの凄味も色気もあり、演技開眼を思わせる出色の出来だった。アクションシーンも素晴らしい。映画関係者の評価も高かった。

寂しいことだが、その後、しばらくして真田はＪＡＣを卒業し、独り立ちした。現在はロサンゼルスに活動拠点を移し、トム・クルーズ主演の『ラスト　サムライ』（２００３年）や忠臣蔵をモチーフにした『47RONIN』（13年）など、数々のアメリカ映画に出演している。

たまにロサンゼルスで会って話すのだが、彼も壁を感じているようだ。壁とは言葉の問題である。英語は相当上達したが、さすがにネイティブのレベルまでに至らない。しかし、幼い頃から頑張り屋の真田のことだ。自分にふさわしい道を切り拓くだろう。縁があったら、また共演したいものだ。

見事に大化けした志穂美悦子

1972年に行われたJACのオーディションは、昨日のことのように覚えている。

最終審査に残った中に、顔は真っ黒に日焼けし、肩幅が広く、脚は太い、およそ女性らしさが感じられない女子高生がいた。辛辣な表現をすれば、イモ姉ちゃんなのである。

審査には私や深作欣二監督を含め、十数名が当たったのだが、誰もが「女優は、ちょっと無理だろう」という意見だった。

そんな中で、私だけが違った。何より澄んだ目の輝きがいい。加えて、並外れた運動神経の持ち主である。提出書類を見ると、陸上部に所属し、中学時代にはハードル走で岡山県歴代2位の記録を残している。

私は直感的に、彼女の可能性の大きさを思った。

「ひょっとすると、大女優に化けるかもしれない」

こうして、私の一存で合格したのが志穂美悦子だ。

未成年であるため、同行のお母さんに尋ねた。

「東京の学校に、すぐに転校できますか」

すると、本人から、

「行きます！」

の声が返ってきた。

「いや、君じゃなくて、お母さんの考えを聞いているんだよ」

お母さんは、娘の勢いに気圧されるように答えた。

「本人がその気なら、私は反対しません」

それから間もなく、志穂美悦子は東京の高校に転校し、授業が終わると真っすぐＪＡＣに来て、トレーニングする日々が始まった。

最初は芝居の勉強を、一切させなかった。まず行ったのが、ひどい岡山弁を直すこと。半年間、私の家に通わせ、なまりを矯正した。

もう一つは、徹底的に役者に必要な肉体を鍛えることだった。

腹の底から声が出るように腹筋、背筋を重点的に鍛え、ワインのコルクを口に入れたまま話すトレーニングをしたのである。パントマイムや、目を左右に動かすだけの訓練も行った。こうして、役者にふさわしい肉体が出来上がったところで、ようやく発声の練習に入ったのである。

志穂美悦子という女優を土地にたとえれば、私は荒れ放題の状態だと考えた。

だから、まず石を掘り起こし、雑草や木の根っこを取った。それから土に深く鋤《すき》を入れて耕し、水を撒き、栄養たっぷりの肥料を入れて、土地をならした。ここまですれば、あとは何を植えても、すくすく育つ。

案の定、肉体づくりを終えた彼女は、踊りも歌も、アクションも次々に吸収し、自分のものにしていった。

根性もあった。

「何があっても、スターになるまでは岡山へ帰る気はありません」

こう宣言した通り、絶対に弱音を吐かなかった。

彼女にとって初めての映画出演は『ボディガード牙』（73年）だ。といっても、私の妹を演じた渡辺やよいちゃんの吹き替えである。数人の男を倒すだけのシーンだったのだが、彼女のキビキビした動きに鷹森立一監督が舌を巻いた。

「千葉ちゃん、この女の子、素晴らしいよ」

鷹森監督といえば、アクション映画に関しては深作欣二監督も一目置く人である。目は確かだった。

こうして続編の『ボディガード牙　必殺三角飛び』（73年）の出演も決まった。さらに『激突！殺人拳』（74年）などに出演し、デビューから1年後には『女必殺拳』の主役の座を射止めた。

彼女の役は日本と香港のハーフで、巨悪組織を相手に拳法を炸裂《さくれつ》させるヒロインである。JACで鍛えたアクションの切れ味は、文句なしに素晴らしいものだった。しかし、足りないものがあった。それがJACの試験でも指摘された「女らしさ」である。観客に受けるためには、どうしても健康的な色気が欲しかった。

私は一計を案じ、

「パンツを脱いできなさい」

と指示した。今ならセクハラと言われるだろう。戸惑いの表情を見せる彼女に、こう説明した。

「パンツをはかなければ、恥じらいが生まれる。単に敵を倒すだけではなく、女性らしい仕草や立ち居振る舞いが自然に表現でき、観客の共感を呼ぶはずだ」

このように彼女は試行錯誤しながら、日本映画史上初となる「吹き替えなしでアクションができる女優」へと成長していった。

『女必殺拳』は大ヒットし、4作までシリーズ化された。他にも大作、話題作の出演が相次ぎ、ブロマイドの売り上げが1位になるほどの人気を獲得した。

しかし、85年にJACから独立し、2年後にはミュージシャンの長渕剛さんと結婚、芸能界を引退した。私は、JACの未来を志穂美悦子に託したいと思ったこともある。

まだ、彼女の映画1本のギャラが20万円の頃だ。

「まず100万円を目指しなさい。そうしたら、俺に食事をごちそうしてくれよ」

それからしばらくすると、

「千葉さん、ごちそうさせてください。出演料が100万円になりました」

と言ってきた。もちろん、彼女におごってもらおうなんて考えていない。私が彼女にごちそうした。

「今度は俺を超えろよ」

「はい。頑張ります」

そんな素直な子だった。今でも世界で勝負できる逸材だったと思う。

『戦国自衛隊』で日本初のアクション監督に

私にとっても、JACにとっても記念すべき映画となったのが、1979年公開の『戦国自衛隊』である。JACの創設から、ちょうど10年目を迎えた節目の作品でもあった。

当時、日本の映画界では飛ぶ鳥を落とす勢いだった角川映画の一つである。

自衛隊が戦国時代にタイムスリップしてしまうという奇想天外な物語で、原作は半村良さん。

70年代には小松左京さんの『日本沈没』（73年）が話題になったが、発想のユニークさという点では、この2作は双璧だろう。

「自衛隊が戦国時代に行って戦う」

この設定だけで私自身、ワクワクした。最新鋭の兵器を持った自衛隊の一個小隊がサムライと戦ったら、どうなるか。常識的に考えれば、自衛隊が負けるはずはない。武器の点では圧倒的に優位だろう。

しかし、兵士の数という点で考えれば不利は否めない。主君のためには「死をいとわない」サムライならではの精神的な強さもある。そう考えれば、自衛隊の精鋭たちといえども、容易に勝てる相手ではない。

この映画で私が演じたのは主人公の伊庭義明。自衛隊の小隊を指揮する3等陸尉だ。だが、この映画における私の役割は演じることだけではなかった。日本で初めてのアクション監督に挑むことになった。

「千葉さん、日本映画を変えましょう」

プロデューサーの角川春樹さん直々に口説かれたのである。私としても望むところだった。もともと演出そのものに関心があったし、ことアクションシーンに関するアイデアは無数にあった。それを実現するだけの人材やノウハウもＪＡＣの活動を通じて培ってきた。

すでにハリウッド映画では、アクション監督の存在など当たり前だった。しかし、当時の日本で、それに近い職業といえば殺陣や技斗のスタッフしかいない。一般的に、殺陣は時代劇の刀を用いたアクション、技斗は現代劇を中心とした素手によるアクションのことだ。

一方、アクション監督はアクションシーンのアイデアを出し、それを演出しなければならない。

観客に受けるリアルで派手なアクションシーンを作るためには、不可欠な存在だった。

『戦国自衛隊』では私の発案により、日本初の試みがいくつも行われている。

たとえば、今では当たり前となったヘルメットの脇に小型カメラを取りつけての撮影である。馬に乗って駆けるシーンの臨場感を伝えるために考えたものなのだが、当時の日本には、そんなカメラはなく、私はアメリカまで行って調達しなければならなかった。

戦車の砲撃で馬が転び、騎馬武者が落馬するシーンの迫力も、それまでの日本映画にはないものだった。

もちろん、馬がケガをしないようにするため、撮影前に丹念に石を拾うなどの細心の注意を払った。

ＪＡＣでは創設当初から、馬術訓練にたくさんの時間を割いていたし、馬の飼育まで行っていた。そうした10年間の蓄積が、この映画で生かされたのである。

クライマックスの自衛隊と武田信玄率いる軍勢との対決では、武田軍側が戦車に大木で立ち向かったり、装甲車を落とし穴にはめたりするシーンも話題になった。忍者が馬の後ろに隠れるようにして乗馬し、攻撃する場面もある。いずれのシーンも「戦国武将だったら、どんな戦い方で自衛隊に挑んでくるか」を私なりに考え、演出したものだ。

アクションシーンに関しては、ロケハンに始まり、カット割りまで、すべて自分で行った。そこまでやって初めて演出と言えるのだ。

この年、私は『戦国自衛隊』以外に、『白昼の死角』、『闇の狩人』、『蘇える金狼』と4本の映画に出ているが、いずれもゲストで顔見世程度に出演しているだけだ。つまり、『戦国自衛隊』に、ほぼ1年を費やしたことになる。

撮影では苦い思いもした。スタッフの中には私がアクション監督として次々にアイデアを出し、演出まですることに不快な態度を見せる人間も少なくなかった。「俺たちの領域を犯すな」ということだろう。

私は、なんと狭い了見なのだと思った。その狭量さが日本映画をダメにしてきたのだ。そこへいくと、深作欣二監督は違った。分け隔てなく人の話を聞き、面白いと判断したことは、どんどん作品に取り入れた。

今なら北野武監督が、そうではないだろうか。お笑いという異業種から旧態依然とした日本の映画界に参入し、最初は苦労したに違いない。しかし、自分が面白いと思ったアイデアや撮影手法を積極的に取り入れ、世界に認められる映画を撮った。彼の作品すべてを評価するわけではないが、その姿勢は素晴らしい。

ところで、今、『戦国自衛隊』の続編とも言える映画を考えている。今度は自衛隊ではなくアメリカ軍だ。

米軍の航空母艦が過去にタイムスリップし、その時代の最強軍隊と戦ったら、どうなるか。たとえば、人類史上最大規模の帝国を作り上げたモンゴルのチンギス・ハンの軍隊と戦わせたら……。

これは面白い。破格のスケールの映画ができるだろう。そんな企画を、懇意にしているプロデューサーと話している。実現すれば、空前絶後の娯楽大作となるはずだ。

生涯の友・夏八木勲さん

ＪＡＣには、さまざまな人間がやって来た。誰が見ても不良といっていい若者も少なくなかった。しかし、そんな連中がＪＡＣを卒業する頃にはみんな、気持ちの真っすぐな青年となって巣立っていく。

それはＪＡＣが体を鍛えるだけでなく、人としての教育を行っているからだ。そして、私はＪＡＣに入ってきた生徒に対し、差別も区別もしない。一方で、わがままは一切、許さない。

昔から「健全な精神は健全な肉体に宿る」といわれるが、その通りだ。肉体を本気で鍛えるには、誘惑を断ち、自分を律しなければならない。つまり強い精神力が必要となる。肉体と精神、両者は切っても切り離せない関係にあるのだ。

現役俳優が体を鍛え、アクションのテクニックを磨くためにＪＡＣを訪れることもある。

荻野目慶子ちゃんが、そうだった。『いつかギラギラする日』（１９９２年）の出演が決まった直後だった。彼女は機関銃をぶっぱなし、男顔負けのアクションを見せるのだが、監督の深作欣二さんの勧めもあって、ＪＡＣでトレーニングをしたのだ。劇中で彼女が見せるキビキビした動きは、

ＪＡＣで体を鍛えた成果でもある。

ＪＡＣで、一緒にトレーニングをする機会が一番多かったのが、なっちゃん（夏八木勲）だ。

私と、なっちゃんとは同い年なのだが、歩んだ道は少々異なる。私が東映のニューフェイス試験に合格して映画デビューを果たしたのに対し、彼は俳優座の出身である。映画デビューは66年公開の『骨までしゃぶる』。27歳のときだから、ずいぶん遅い。

私が彼と出会ったのは、その翌年の『あゝ同期の桜』での撮影現場。監督は中島貞夫さんで、私の他に、高倉健さん、鶴田浩二さん、天地茂さん、松方弘樹ちゃんといったスター俳優が出演した作品だった。

いわゆるオールスターキャスト映画だから、東映の京都撮影所は、いつも以上に人の出入りが多い。そんなにぎやかな現場で、誰とも話すことなく、一人、ポツンとしていた役者がいた。

気になって私のほうから、

「千葉真一です」

と声をかけたのだ。

「夏八木勲です」

例の落ち着いた、男臭い声が返ってきた。

その後、私は、なっちゃんと一緒に健さんや弘樹ちゃんのところを回り、

「ぼくの友人の夏八木勲です。東映の現場のことはほとんど分かっていないんで、あまりいじめな

いでくださいね」

といった紹介をしたらしい。「らしい」というのは、私自身はあまり記憶にないのだ。ところが、なっちゃんは、このときのことを鮮明に覚えていて、繰り返し感謝された。インタビューでも、私との出会いを楽しそうに語っていたようだ。

その後も、なっちゃんとの交流は続き、テレビドラマ『キイハンター』でも幾度か共演した。私がJACを創設すると、暇があればやって来て、若いJACの生徒たちに交じって体を鍛えたものである。

なっちゃんが役者として真の実力を発揮し始めたのは、70年代後半から角川映画に出演するようになってからだろう。

『人間の証明』（77年）、『野生の証明』（78年）、『白昼の死角』、『戦国自衛隊』、『復活の日』（80年）、『化石の荒野』（82年）と、角川映画の大作に次々に出演した。

中でも、主演作の『白昼の死角』における演技は素晴らしかった。彼のギラギラした野性的な魅力が存分に生かされていた。

もう一本の代表作が、私と共演した『戦国自衛隊』だ。彼が演じたのは長尾景虎、後の上杉謙信である。現代からタイムスリップした自衛隊の指揮官である私とは、熱い友情で結ばれる。

もちろん、撮影前には、ともにJACの稽古場でトレーニングを重ねた。さらに、私の発案で、3日間ではあったが、2人で自衛隊に体験入隊もした。方位磁石が効かない富士の樹海に分け入ったり、木と木の間をロープで渡ったり、かなり実践的な訓練を経験した。

この映画でアクション監督も務めた私は、自分の演技だけでなく、演出の面でも最高のものを表現したかったのだ。なっちゃんは、そんな私の思いに応え、役者として最高のパフォーマンスを見せてくれた。本番で見せる集中力にはすさまじいものがあった。

映画を観ていただいた方ならお分かりの通り、上半身裸になったなっちゃんの体は見事に引き締まっている。隆起した筋肉が美しく、長年アクションで鍛えてきた私に引けを取らなかった。戦国の武将らしく、一つ一つの武道の所作も、実に絵になっていた。

撮影中も体力と体型をキープするために、私たちはロケ地の富士の裾野から御殿場のホテルまで、毎日、ロケバスには乗らず、走って帰ったものだ。距離にして10キロほどあっただろうか。そよぐ風が心地よく、流す汗が爽快だった。

『戦国自衛隊』に限らず、どんなに過酷な撮影にも弱音を吐かない役者だった。

そんななっちゃんの体を、がんという病魔が襲った。

私が知っている医者のもとへ一緒に行ったこともある。体に良い食べ物を差し入れたこともある。彼自身、手を尽くして治療を受けたが、進行するがんを、ついに食い止めることはできず、73歳で帰らぬ人となった。

互いを尊敬し、心を許し合える生涯の友だった。

柳生十兵衛は江戸時代のジェームズ・ボンド

私が出演した初めての時代劇が、1978年に公開され、空前の大ヒットとなった『柳生一族の陰謀』である。役者デビューから、実に18年目のことだった。

けっして時代劇が嫌いで、敬遠していたわけではない。むしろ武士道やサムライに対しては若い頃から関心があり、いつか時代劇に出てみたいと思っていた。

しかし、私が所属する東映の東京撮影所は現代劇が中心だ。1950年代から60年代にかけて東映の時代劇は隆盛を極めたが、時代劇を作っていたのは京都撮影所である。私が時代劇に出演する機会は、なかなか訪れなかった。

やがて、私も『仁義なき戦い　広島死闘篇』などの実録ヤクザ映画に出演するために、京都撮影所にも頻繁に行くようになったのだが、その頃の東映は、すでに時代劇から撤退していた。

それでも私は、いつオファーがあってもいいようにと、車の中に木剣を入れ、時間を見ては素振りを繰り返していた。現代劇の撮影の合間に殺陣師の方に、

「時代劇の立ち回りの基本から教えてください」

とお願いして、稽古をつけてもらったこともある。

私の心の中に時代劇に出たい、真のサムライを演じてみたいという思いが高まったのは『日本暗殺秘録』の主人公・小沼正を演じてからである。

小沼正は貧しい者に共感し、彼らから搾取に搾取を重ねる権力者に反発していった人物である。そこには、日本人の血に脈々と流れている武士道精神があると思ったのだ。

では、武士道精神とは何だろうか。分かりやすい例が、江戸時代の佐賀藩士・山本常朝の言葉をまとめた『葉隠』にある「武士道といふは死のことと見つけたり」の一文である。

これは何も死を美化したり、奨励した言葉ではない。事に挑み、現状を変えたいなら、死ぬ覚悟でやりなさいという教えである。

あるいは「花は桜木　人は武士」という一休禅師の言葉がある。これは「花であれば美しい桜が一番、人なら潔い武士が一番」という意味で、常に心を清く保ち、最後は潔く散っていく武士ならではの生き方を肯定したものである。

どちらも武士道を端的に示す言葉であり、その奥は深い。私は、その後も武士道への興味が尽きず、武士の理想の姿を追い求め、さまざまな文献に当たった。その過程で出会ったのが、柳生十兵衛という人物だった。

柳生十兵衛は徳川将軍家の剣術指南役として大名にまでなった柳生但馬守宗矩《やぎゅうたじまのかみむねのり》の長男である。いわば権力の中枢にいた人間なのだが、ときには父・宗矩と対立し、弱者の味方をするような人間だったといわれる。

父・宗矩が唱えた「人を殺すためではなく、人を救い、活かす剣」を極めたのも十兵衛だった。柳生新陰流の奥義をまとめた『月之抄』の書物もある。剣の達人でありながら、人を斬ることを好まない平和主義者だったようだ。

しかし、その生涯は分かっていない部分も多い。

徳川家光の小姓として仕え、その後は剣術指南役まで務めたが、20歳のときに家光の怒りを買って役を外され、その後は12年も諸国を放浪したとされている。しかし、何が原因で家光の怒りを買ったのか、なぜ12年も許しを得られなかったのかは定かでない。

諸説ある中で私が面白いと思ったのは、宗矩の密命を帯び、放浪中に隠密として大名の動向を探っていたという説だ。ときには忍者と協力し、争いを未然に防ぐような活動もしていたらしい。柳生の里が伊賀と甲賀の間あたりにあることも、この説をより信憑性《しんぴょうせい》の高いものにしている。

さらに、興味深いのは「裏柳生」の存在だ。柳生家は剣術指南役であるだけでなく、初代の幕府大目付として各大名を取り締まった。その一方で、表立って解決できない問題を影の組織「裏柳生」が処理していたというのである。当然、そこには忍者たちによる諜報《ちょうほう》活動もあっただろうし、ときには武力を用いた工作もあったはずである。

要するに、現代のＣＩＡやＭＩ６のような活動を裏柳生が担っていたわけだ。その中心にいた十兵衛はジェームズ・ボンドのような存在と言えるだろうか。彼は、ひそかに徳川政権下の秩序を守っていたわけだ。

真偽はともかく、そこまで推理すると物語としては非常に面白い。十分に娯楽映画の題材になりうる。

私はさっそく十兵衛に関する史実や柳生家に関する推理・推測を交えたエピソードをまとめ、『裏柳生』と題した映画の企画書を書き上げた。十兵衛役はもちろん私自身だ。監督は私が最も尊敬する深作欣二さん以外に考えられない。深作監督のところに企画書を持参すると、すぐに聞かれた。

「千葉ちゃん、裏柳生って、なんなんだよ」

私が懸命に説明するうちに、深作監督の目つきが、どんどん輝き始めた。過去にも何度か企画を持って行ったことがあったが、これほど関心を示してくれたことはなかった。

「よし、分かった。この企画は俺が預かる」

それから1週間もした頃だろうか。深作監督が私の撮影現場に、うれしそうな顔でやって来た。

「例の裏柳生の映画、やることに決まったぞ！」

時代劇復活を賭けた『柳生一族の陰謀』

私が深作欣二監督に『裏柳生』のタイトルで伝えた企画は、『柳生一族の陰謀』と名前を変えて映画化されることが、わずか1週間で決まってしまった。

映画化を後押しした最大の要因は話として面白いからなのだが、タイミングも私に味方した。

深作監督は、まずプロデューサーの日下部五朗さんのところに持って行った。日下部さんはすでに『仁義なき戦い』シリーズで大ヒットを飛ばし、この後、人気シリーズ『極道の妻たち』（19

86～98年）を生み出していく東映きってのプロデューサーであった。

その日下部さんも企画書を読むなり、「これはいける！」と判断したらしい。そこで、すぐに岡田茂社長に掛け合った。

この頃の東映は『仁義なき戦い』に端を発した実録ヤクザ映画のブームも下火となっており、次なる鉱脈を探し当てなければならない時期だったのだ。すでに岡田社長自身も、

「そろそろ時代劇を復活させてもいいのではないか」

と考えていたらしい。背景には75年にオープンした「東映太秦映画村」の成功もあった。

つまり、私の企画は東映本社にしてみれば渡りに船だったのである。こうして話はトントン拍子に進み、あっという間に映画化のゴーサインが出た。

実に12年ぶりに東映が製作する時代劇である。ただし、深作監督にとっては初めての時代劇だ。私も時代劇は、これが初出演となる。深作監督とは深い縁があるのだと思わざるをえない。すでに話した通り、私の映画初主演作『風来坊探偵』は、深作さんにとっても監督デビュー作だった。そして、再び2人とも初体験の時代劇映画でコンビを組むことになったのである。

初めてだから分からないことは多かった。たとえば、徳川時代の武士や公家の所作だ。博学の深作監督も、こればかりは疎い。しかし、そこは東映。京都撮影所は戦前から時代劇を作ってきた専門のスタッフがそろっており、所作も殺陣も細部に至るまで安心して指導を受けることができた。

『柳生一族の陰謀』のストーリーは、江戸幕府三代将軍・徳川家光が実父の二代将軍・秀忠に嫌わ

れ、危うく弟の忠長が跡を継ぐことになりそうになったという史実に基づいている。しかし、従来の時代劇とは、中身はまるで違う。『仁義なき戦い』にも通じるような、陰謀と裏切りが渦巻く抗争劇に仕立てられたのだ。

家光を将軍にするために暗躍する柳生但馬守宗矩を悪の主人公とすれば、父の下で働きながらも、その非情さに反旗を翻し、最後には父を裏切る善の主人公が柳生十兵衛である。

問題はラストだった。家光を、どうするか。父・宗矩と対立した十兵衛が負けて、エンドマークが打たれるのでは面白くない。そこで、プロデューサーの日下部さんや深作欣二監督たちは頭を悩ませたのである。

その結果、決まったのは「悪いヤツには死んでもらう」という結末だった。父のやり方に怒った十兵衛が将軍となった家光の首をはね、宗矩の手首を斬り落としてしまうのである。

もちろん、史実とは異なる。しかし、映画らしいといえば、これほど映画らしいエンディングはないだろう。観客が予想しえない衝撃的な終わり方だ。『仁義なき戦い』のヒットメーカー、日下部&深作コンビでなければ実現しえない時代劇と言っていい。

こうして東映12年ぶりの時代劇の骨格は固まり、次はキャスティングを考える段階になった。

柳生十兵衛を演じるのは当然、私である。もともと十兵衛を演じるために映画化の企画書を書いたのだし、深作監督も東映本社も、まったく異論はなかった。

さて、もう一人の重要人物である柳生但馬守を誰が演じるか。

日下部さんにとって意中の人は萬屋錦之介さんだった。一心太助や宮本武蔵といった数々の当たり役を持つ東映時代劇の黄金期を支えた、文字通りスーパースターである。

しかし、時代劇の終焉とともに東映を去っていたため、日下部さんや深作監督とは、つきあいがない。しかも錦之介さんに演じてほしいのは、かつてのような正義のヒーローではなく、目的のためには手段を選ばないヒールである。

日下部さんは錦之介さんが断った場合に備え、仲代達矢さんや鶴田浩二さんを考えていたようだ。しかし、錦之介さんは気持ちよく東映に帰ってきた。錦之介さんとは古くから親交のある京都撮影所所長の高岩淡さんの尽力があったからだ。

錦之介さんの東映復帰を最も喜んだのは、京都撮影所のスタッフだった。みんな、時代劇の復活を待っていたのである。私は居合わせなかったが、衣装合わせのために錦之介さんが12年ぶりに京都撮影所に帰って来た日は、裏方や大部屋俳優まで100人以上が集まったそうである。

こうした熱い空気は映画に反映される。東映という映画会社が一丸となって製作した時代劇、それが『柳生一族の陰謀』だったのである。

ラストの衝撃はこうして生まれた

東映にとって12年ぶりの時代劇『柳生一族の陰謀』は文字通り、オールスターキャストの超大作だった。

萬屋錦之介、松方弘樹、三船敏郎、丹波哲郎、大原麗子、西郷輝彦、芦田伸介、山田五十鈴、夏八木勲、成田三樹夫……そして私。すでに鬼籍に入った方も多いが、こうして出演者の名前を並べるだけでもゾクゾクするほどだ。

各俳優のモチベーションも高かった。たとえば、松方弘樹ちゃんである。弘樹ちゃんが演じるのは徳川家光。映画は家光を将軍にするために柳生一族が裏で暗躍し、権謀術数を繰り広げる物語だから、非常に重要な役どころだ。

家光は幼少の頃から吃《きつ》音で、病弱。そのうえ、容姿にも恵まれなかったといわれる。性格も暗く、両親から疎んじられて育った。

そんな家光を演じるにあたり、弘樹ちゃんは、あえて顔の三分の一を覆う大きな赤あざをつけた。あざを本物らしく見せるのは容易なことではない。毎回、撮影所の刺青絵師に、3時間かけて描いてもらわなければならなかった。

なぜ、そこまでしたのか。その意図は明らかだ。

ライバルである弟の徳川忠長との違いを際立たせるためである。西郷輝彦さんが演じた忠長は家光とは対照的に二枚目で、人格に恵まれ、誰からも好かれた。その反対に家光はネクラで、大きなコンプレックスを抱えている。

弘樹ちゃんは、そんな家光像を見事に造形した。もともと時代劇で育った俳優である。だから、声もいい。口跡もいい。しかし、吃音である以上、それを封印しなければならなかった。もちろん、弘樹ちゃんの大胆な役づくりを受け入れた深作欣二監督の懐も深い。

家光を将軍にするために尽力するのが柳生宗矩、柳生十兵衛の父子である。

十兵衛を演じるにあたって、私が大事にしたことが二つある。

まずは彼の心情だ。前にも話したように十兵衛は剣術の達人であると同時に、平和主義者である。だから、斬り合いのシーンにおいては、常に斬ったあとの十兵衛の心情を大切に演じた。

具体的には、こういうことである。どんな極悪人を斬っても、彼は「これで良かったのだ」という満足した顔はしない。むしろ、人を殺さなければならなかった虚しさと悲哀を感じている……そんな表情を見せることで、十兵衛という男の生きざまを表現した。

もう一つは殺陣である。

ご存じのように十兵衛は隻眼の剣士である。左目が見えない。なぜ、左目が見えなくなったかについては諸説あり、この映画では丹波哲郎さんが演じた小笠原玄信斎に斬られて片目を失ったことになっている。

左目が見えないということは相手と正対したときに左半分は死角となる。だから、私は必ず左に遮蔽物を置いて立ち回りをするように心がけた。さらに、構えるときも、体を斜めにズラし、必ず右目を前にした。そうすることで視野を広げた。私としては、少しでも柳生十兵衛という人物に近づきたかったのだ。

さて、もう一人、この映画の鍵を握る人物は、萬屋錦之介さんが演じた柳生但馬守宗矩である。徳川家光を将軍の座に就かせるために暗躍し、そのためには手段を選ばなかった男である。

久々に東映に復帰した錦之介さんの演技の熱量は、すさまじいものがあった。

しかし、セリフのスピードが以前とはまるで違った。かつて『一心太助』シリーズ（1958〜63年）や『沓掛時次郎　遊侠一匹』（66年）などの股旅ものに出演していた頃の立て板に水のようなセリフ回しではないのだ。

おそらく錦之介さんなりに考えたうえでの役づくりなのだろう。しかし、よく言えば重厚だが、テンポは遅い。だから、共演者のテンポとはまるで合わない。

初日は大広間での撮影だったが、錦之介さんのセリフ回しを聞いて、共演者もスタッフも、あぜんとした。

他の役者が現代的なセリフ回しをしているのに、錦之介さん一人が歌舞伎のようなセリフ回しである。演技が噛み合うはずもなく、深作監督も頭を抱え込んでしまった。

深作監督は錦之介さんに、何度も提案したようだ。

「少し現代劇に近い芝居をしてもらえないでしょうか」

しかし、錦之介さんは譲らなかった。

「他の方がどうであろうと、私は、これでいきます」

深作監督とプロデューサーの間で錦之介さんを降板させることも話し合われたらしいが、かつて東映の看板を背負ったスターに、そのような処遇ができるはずもない。結局、そのまま撮影は続けられた。

こうして迎えたのが有名なラストシーンである。

柳生但馬守の力で将軍となった家光だが、私が演じる十兵衛が、その首を斬り落としてしまう。

すると、但馬守は家光の首を抱えて絶叫する。

「夢じゃ、夢じゃ、夢でござ〜る！」

狂気さえ帯びた熱演に、撮影現場に居合わせた全員が圧倒された。深作監督も感嘆するしかなかった。

映画史に残る強烈なラストシーンと言っていいだろう。

つまり、錦之介さんは、このラストシーンのセリフを頭に入れ、そこから逆算して、それまでの芝居を積み上げていたのである。私は演技の奥義に触れた気がした。錦之介さんのような名優と共演できたことは、私にとって大きな財産である。

〝秘する花〟名脇役の成田三樹夫さん

日本の古典には学ぶべきものが多い。とりわけ私が好きな一冊に、世阿弥の残した『風姿花伝』がある。

能の心得から演技論、演出論、果ては人生哲学とも言える内容が記された理論書なのだが、私たちの映画の世界にも通じる教えが、ぎっしり詰まっている。

今でもよく知られる言葉が「秘すれば花」だろうか。『風姿花伝』には、このように書かれている。

「秘する花を知ること。秘すれば花なり。秘せずば花なるべからず、となり。この分け目を知ること、肝要の花なり」

私は、この言葉を、こう解釈している。

役者には花が必要だ。そして、役者とは、その花を求められた場所で、たちどころに咲かさなければならない職業である。では、花を咲かすには、どうすればいいか。日頃から厳しい稽古や修業を自分に課すことである。しかし、そのような行為はけっして世の中に見せてはいけない。

つまり、映画俳優にとっては撮影現場こそが真剣勝負をする場であり、それ以外の場所で、これ見よがしに自分の才能をひけらかす必要はないということだ。

「秘すれば花」の言葉がふさわしい役者、それが成田三樹夫さんだ。私が大好きな名バイプレーヤーである。

深作欣二監督の傑作時代劇『柳生一族の陰謀』では、成田さんが見事な演技でスクリーンに花を咲かせた。実は、この作品で最も輝いたのは萬屋錦之介さんでもなければ、私でもない。助演の成田さんだった。

成田さんが、この映画で演じたのは烏丸《からすま》少将文麿《あやまろ》という架空の人物。公家でありながら剣豪という特異なキャラクターで、彼が徳川家光を将軍にしようと暗躍する柳生一族の前に立ちはだかるという設定だった。

あの眼光鋭い顔に白化粧して唇を赤く塗ったメイクだけでも目立ったが、「ホッ、ホッ、ホッ」と奇妙な笑い声を発しながら、柳生の剣士を次々に斬っていく姿は強烈な印象を残した。

私が演じた柳生十兵衛と烏丸少将が街道で繰り広げる一騎打ちも、緊迫感あふれるものとなった。木立に身を潜めていた十兵衛を、こう言って挑発するのだ。

「出ておじゃれ。遠慮はいらん。臆したか、柳生新陰流。隠れていても獣の臭いは隠せませぬぞ」

この後、一瞬の隙を突かれ、十兵衛に斬られてしまうのだが、観客の記憶に残ったのは、私より敵役の烏丸少将のほうだろう。出番はけっして多くないのに、成田さんは私を含めた他のスター俳優を完全に食ってしまったのである。

私は成田さんとは数々の映画で共演したが、プライベートでの接点は一切なかった。監督をはじめとするスタッフや共演者と酒席を共にすることも、あまりなかったはずである。その意味では、夜の街で遊びまくった辰ちゃん（梅宮辰夫）や新伍ちゃん（山城新伍）とは真逆の、対照的なタイプの俳優だった。

しかし、特異なキャラクターは数多くの監督に必要とされ、さまざまな映画に起用された。ニヒルなだけでなく、悪のエロティシズムさえ漂わせるあたりは、他の役者では及びもつかない魅力だったのだ。

体つきは、一見したところでは痩せ型である。しかし、上半身裸になった姿は筋骨隆々としており、日頃から節制し、鍛錬を重ねているのは明らかだった。

年齢は私より4つ上だが、映画デビューは私より4年遅い。というのも、成田さんの経歴は少し変わっている。

最初に入った大学は天下の東京大学だ。ところが、水に合わないからと自主退学してしまった。そして故郷に帰って山形大学に入学し直すものの、こちらも中退。その後、上京して俳優座の養成所に入り、卒業後は自ら履歴書持参でぶらっと大映を訪れ、その場で契約が決まった。

とはいえ、大部屋俳優同然の待遇だったらしい。ここから徐々に頭角を現し、勝新太郎さんや市川雷蔵さんと重要な役で共演するまでになったのである。

1971年の大映倒産後はフリーとなり、活躍の場を東映に移したのだが、これが幸いした。東映と成田さんの相性は抜群だった。特に『仁義なき戦い』を筆頭とする東映実録路線には欠かせない俳優となった。成田さんが最初に出た実録ヤクザ映画は『仁義なき戦い』シリーズ第2作の『広島死闘篇』である。

私が、この映画で深作監督によって新しい個性を引き出されたように、成田さんも深作監督に従来のイメージを崩された。冷酷なコワモテであるだけでなく、滑稽さを感じさせる魅力が光り、シリーズ第3作の『代理戦争』でも活躍している。

深作監督は、役者自身も気づかないような魅力を引っ張り出してくることに関しては天才的だった。

演技の幅が広がった成田さんは深作組の常連となり、『柳生一族の陰謀』のような時代劇にも起用されたのだ。その後も『赤穂城断絶』（78年）、『魔界転生』、『里見八犬伝』（83年）といったなど、深作時代劇で私と共演した。

たとえセリフがなくても、出てくるだけで画面がビシッと引き締まるような俳優だった。55歳で亡くなられて早いもので30年。成田さんのような殺気も色気も備えた悪役は、残念ながら今の日本にはいない。

新たな当たり役となった柳生十兵衛

私が念願の柳生十兵衛役を演じた映画『柳生一族の陰謀』は、1978年の日本映画で第3位となる興行収入を記録した。ちなみに1位は高倉健さん主演の『野生の証明』、2位は『さらば宇宙戦艦ヤマト　愛の戦士たち』だった。

東映12年ぶりの時代劇というので、客の入りを心配する人も少なくなかったが、『トラック野郎』や『男はつらいよ』をしのぐ大ヒットとなったのだ。

そして、この成功を受けて、半年もしないうちにテレビドラマ化（関西テレビ制作）が決まった。もともと、私の関心も政治の表舞台を描いた「表柳生」より、十兵衛が根来の忍者軍団と一緒になって闘う「裏柳生」にあった。テレビドラマは、そのような十兵衛の活躍に主軸を置いたストーリーだから、願ったりかなったりだった。

忍者の起源については諸説あるが、私は農民のように作物を作ることも、町民と同じ場所に住むことも許されず、お上に人目の届かない土地を借りて、ひっそり暮らした人たちだったと考える。いくばくかの畑で野菜を作り、狩りなどをして生活していたに違いない。

しかし、そのままでは自分たちに未来はない。そこで、肉体を鍛え、優れた体術を会得し、どこかの大名に仕えて食い扶持を得ようとしたのである。

こうした忍者たちに共感したのが柳生十兵衛だったのだ。もとより十兵衛は徳川家光の怒りを買って剣術指南役を外された後、父である柳生但馬守宗矩の命により、諸国の情勢を探る隠密のような任務を果たしていたといわれる。

極秘の活動をするうえでは忍者の助けも必要であっただろうし、そうなれば、彼らに対して援助もできる。テレビ版では、そんな十兵衛と忍者の親密な関係にも焦点を当てている。

裏柳生の真髄については、オープニングのナレーションで、このように流れる。

「裏柳生口伝《くでん》に曰《いわ》く、戦えば必ず勝つ。これ兵法の第一義なり。人としての情《なさけ》を断《た》ちて、神に逢《お》うては神を斬り、仏《ほとけ》に逢うては仏を斬り、しかる後《のち》、初めて極意《ごくい》を得《え》ん。かくの如《ごと》くんば、行く手を阻《はば》む者、悪鬼羅刹《あくきらせつ》の化身《けしん》なりとも、豈《あに》おくれをとるべけんや」

これはテレビ版の監督の一人でもあった深作欣二さんが考えてくれたものだ。他にも工藤栄一さんや鷹森立一さんら、私がよく知る方々が監督を務めた。

一方、キャストは十兵衛役の私を除けば、柳生宗矩役が萬屋錦之介さんから山村聡さんに代わるなど、映画とはずいぶん違う。映画と同じ役を演じた数少ない一人が成田三樹夫さんである。例の「ホッ、ホッ、ホッ」と奇妙な笑い声を上げる烏丸少将文麿の役は、成田さん以外には考えられなかったということだ。

映画では十兵衛を隻眼にしたのは丹波哲郎さん演じる小笠原玄心斎という設定だったが、ドラマで、その役を担ったのは烏丸少将だ。成田さんが演じた烏丸少将の存在感を、脚本家や監督も認めていたのである。

さらに、隻眼となってしまった十兵衛は、そのハンディを、どのように乗り越えたのか。テレビドラマでは十兵衛が根来忍者に手裏剣を投げさせ、それを叩き落とすなど、修行のシーンを数多く入れた。そんなことができるのも、長丁場のテレビのメリットであった。

実際、左目を眼帯で覆っての立ち回りには苦労も多かった。死角から何かが飛んで来たら避け切れない。その危険と常に隣り合わせだった。そこで私は片方の目が見えない人と、しばらくおつきあいし、その行動を観察させてもらったこともある。それくらい、私は十兵衛になりきろうとした。

しかし、その代償を負うことにもなった。右目が急に暗くなってしまったのだ。病院で診察を受けると、右目ばかり使い過ぎた疲労が原因だった。要するに職業病であり、右目に人工レンズを入れる手術を行わなければならなかった。

ドラマは高視聴率を記録し、その続編とも言える『柳生あばれ旅』（テレビ朝日系・80年）と『柳生十兵衛あばれ旅』(同・82年)も制作された。

うれしいのは、私が十兵衛を演じた作品を海外の映画人も観てくれたことだ。

その一人がサミュエル・L・ジャクソンである。私の熱狂的なファンである彼は、『アベンジャーズ』の司令官ニック・フューリーを演じるにあたり、同じアイパッチのタフガイだというので、私が演じた十兵衛を役づくりの参考にしたそうだ。

クエンティン・タランティーノも十兵衛ファンとして知られる監督である。私も出演した映画『キル・ビル』(03年)で、ヒロインのユマ・サーマンが復讐《ふくしゅう》を果たすたびに、彼女の脳裏には私が教えた「神に逢うては神を斬り、仏に逢うては仏を斬り……」の言葉が響くのだ。もちろん、これは先に紹介したテレビドラマ版『柳生一族の陰謀』の冒頭で流れるナレーションの引用である。

いかにも映画オタク、そして深作オタクであり、千葉オタクでもあるタランティーノのセンスには脱帽するしかなかった。

十兵衛像を確立した『魔界転生』

映画とテレビドラマ版の『柳生一族の陰謀』に立て続けに出演したこともあって、映画ファンや時代劇ファンの間では「柳生十兵衛といえば千葉真一」といった認識が、すっかり定着した。ありがたいことだ。

東映の京都撮影所での撮影が増えたため、私は京都市内に家を構えたのだが、その際、敷地内に柳生十兵衛三厳神社を祀《まつ》った。私自身が、それほど柳生十兵衛という人間に惚れ込んだということだ。

私より以前に、柳生十兵衛を当たり役とした俳優といったら、近衛十四郎さんだ。松方弘樹ちゃんのオヤジさんである。

映画の『柳生武芸帳』シリーズ9作品（1961～64年）で十兵衛を演じた後も、テレビドラマの『柳生武芸帳』（65年）で十兵衛にふんし、人気を博したのである。

十四郎さんの殺陣は、ご自身の発案で通常より柄の長い刀を用いた。剣さばきは美しく、鮮やかで、迫力も十分。勝新太郎さんと共演した三隈研次監督の『座頭市　血煙り街道』（67年）における迫真の殺陣は、今も語り草である。私が尊敬する大先輩だ。

たいへん明るい性格の方で、テレビドラマにおける十兵衛にも、それが反映されていた。十四郎さんのもう一つの当たり役である『素浪人　月影兵庫』（65～67年）などと同様に豪放なイメージだ。

一方、私が目指したのは仲間の根来忍者と一緒にいるときこそ明るく振る舞うこともあるが、剣だけでなく、人生の求道者としての十兵衛だった。

人と闘い、人を斬ることには常に虚しさを感じている。弱者や虐げられる側の人々には優しいが甘いわけではなく、時の権力者に対してもけっして、ひるまない。そして、武道の精神や兵法の知識を備え、剣の実力は宮本武蔵にも匹敵するといったところだろうか。

そんな私なりの柳生十兵衛像を確立することができたのが、角川映画の『魔界転生』だった。監督はもちろん、私が最も尊敬する深作欣二さん。原作は数々の忍法帖シリーズで一世を風靡《ふうび》した山田風太郎先生。風太郎先生は服部半蔵ら忍者だけでなく、織田信長や徳川家康など数多くの歴史上の人物を描いているが、柳生十兵衛には特別な思い入れがあったともいわれる。

なにしろ『柳生忍法帖』、『魔界転生』（当初の刊行時は『おぼろ忍法帖』）、『柳生十兵衛死す』と、3つの長編小説で十兵衛を主人公にしているのだ。

『柳生十兵衛死す』に至っては、柳生十兵衛三厳が、その祖先である柳生十兵衛と入れ替わって室町時代にタイムスリップし、足利義満の陰謀に立ち向かうという奇想天外な話なのである。

十兵衛は出自も生没年も明らかだが、その経歴には大きな空白期もある。そこに作家として空想力を膨らませられる余地も醍醐味もあるのだろう。しかし、なんらかの魅力を感じなければ、繰り返し主人公に起用するはずはない。

私がそうであったように、風太郎先生も従来の時代劇ヒーローの規格に収まり切らない十兵衛の個性にひかれたのではないだろうか。

『魔界転生』は、原作を読まれた方ならお分かりの通り、「山田風太郎らしさ」にあふれた、スケールの大きな奇想時代劇である。風太郎先生も忍法帖シリーズの中では一番のお気に入りだそうだし、数ある忍法帖シリーズの中で最高傑作との呼び声も高い。

ストーリーは徳川幕府転覆を目論む由比正雪と森宗意軒が天草四郎、宮本武蔵、柳生但馬守宗矩ら死者を妖術でよみがえらせるのだが、その陰謀を十兵衛が阻止するというものである。だが、いかんせん長編だ。

脚本チーム（他に野上龍雄、石川孝人）にも加わった深作監督は原作を思い切って刈り込み、私が演じる柳生十兵衛と剣豪たちとの決闘にフォーカスした物語に仕立てた。

宮本武蔵や柳生宗矩らを死からよみがえらせるのは天草四郎の役回りだ。島原の乱で天草四郎自身を含め2万人に近いキリシタンを惨殺した徳川幕府に対して、復讐するのが目的である。その過程に十兵衛と名だたる剣豪たちとの夢の対決が用意されているわけで、これなら映画的な見せ場が連続することになる。

深作監督たちはシナリオを完成させるまでに半年の期間を要している。それだけ、この映画に賭ける情熱のボルテージが高かったのだ。

それにしても、十兵衛VS宮本武蔵、十兵衛VS父・柳生宗矩の決闘である。

ありえない話、荒唐無稽極まりない物語ではあるが、私は企画をいただいた段階からワクワクしたのを覚えている。十兵衛だったら、彼らと、どのような激闘を繰り広げるのか。次々にアクションシーンのアイデアが頭に浮かんできた。

出演俳優も豪華だった。柳生宗矩には殺陣の技量では当代随一の若山富三郎さん、宮本武蔵には名優の緒形拳さん、天草四郎には当時、人気絶頂だった沢田研二さんがキャスティングされた。他に、丹波哲郎さん、室田日出男さん、成田三樹夫さんら、私が信頼する先輩俳優が集結した。

JACからは、真田広之が伊賀の霧丸の役で出演。もちろん、集団アクションのシーンには大勢のJACメンバーが参加し、質の高い殺陣で映画を支えることになった。

〝剣聖〟宮本武蔵を演じた緒形拳さん

往時ほどではないが、映画やテレビの時代劇ファンは今も多い。近年は、〝歴女〟と呼ばれる歴史好きの女性も増えているそうだ。

そのような人たちの間で話題に上るテーマの一つが、「最強の剣豪は誰か」であるらしい。確かに面白いテーマだし、私自身も大いに気になるところだ。

やはり剣豪が数多く輩出されたのは、戦国時代から江戸時代の初期である。私なりに、この時代の剣豪を思いつくまま挙げると、こんなところだろうか。

・宮本武蔵
・佐々木小次郎
・塚原卜《ぼく》伝
・上泉信綱
・柳生石舟斎《せきしゅうさい》
・柳生宗矩

・柳生十兵衛
・伊藤一刀斎
・宝蔵院胤舜《いんしゅん》
・荒木又右衛門

もちろん、他にまだまだいるが、もし剣豪ベスト20のようなランキングを作ったら、ここに挙げた剣豪たちは必ずや入るだろう。

映画『魔界転生』には、この10人のうち4人が登場する。私が演じた柳生十兵衛以外に、宮本武蔵、柳生宗矩、宝蔵院胤舜の3人だ。しかも、ただ出てくるだけではなく、この4人が剣を介して相まみえるところに、この映画の醍醐味があるといってもいい。

しかも、地獄からよみがえった剣豪たちは、いずれも剣技は以前とまったく同一ではあるが、魂は魔物。現世を生きる柳生十兵衛は徳川幕府を守るために、彼らと死闘を繰り広げることになる。「柳生十兵衛VS宮本武蔵」は時代劇ファンには夢の対決だろうし、柳生十兵衛が父である柳生宗矩と真剣勝負をするというのも本来なら絶対ありえないだけに、興味をそそられるはずだ。

映画では、宝蔵院胤舜は生前の柳生宗矩により一刀両断にされる。このとき病魔に冒されていた宗矩も命尽きるのだが、たった一つ現世への未練があった。それが天才と謳《うた》われた息子・十兵衛と勝負することだった。天草四郎は、その心の隙を突き、柳生宗矩を魔界から転生させてしまうのだ。

柳生宗矩を演じたのは若山富三郎さん。私が初めて十兵衛にふんしたのは『柳生一族の陰謀』であり、このとき、柳生宗矩の役は萬屋錦之介さんだった。錦之介さんと若山さん。2人の偉大な先輩と共演させていただいたのは役者冥利に尽きる経験だった。

一方、『魔界転生』で〝剣聖〟宮本武蔵を演じたのは緒形拳さんである。

緒形拳さんは当時、43歳。私より2つ年上だ。『魔界転生』の前に公開された映画『鬼畜』（1978年）や『復讐するは我にあり』（79年）で数多くの映画賞を受賞し、役者として心身ともに充実していた時期だった。

映画ファンにとって、緒形さんは現代劇の印象が強いかもしれない。しかし、もともと辰巳柳太郎さんに憧れて、新国劇で役者稼業をスタートした人である。新国劇は剣劇を創出したことでも知られる劇団（87年に解散）であり、緒形さん自身の出世作となったのもNHKの大河ドラマ『太閤記』（65年）だ。時代劇を演じる基礎は、しっかりできている。

撮影現場に入り、緒形さんが殺陣の実力者であるのは、ひと目で分かった。私の持論である「アクションとは肉体の言語である」ことを、身をもって示せる役者なのだ。たまたま衣装を着替えるところを見たのだが、日頃から体を鍛えているのは明らかだった。

両者の見せ場は、もちろん果たし合いだ。場所は巌流《がんりゅう》島を思わせる小島の浜辺。武蔵が手にしているのは佐々木小次郎を打ち破ったときと同様、船を漕《こ》ぐのに使う長い櫂《かい》だ。

十兵衛の手にあるのは妖刀・村正。魔物となってよみがえった武蔵を打つために用意したものである。

私と緒形さんが浜辺を横に疾走しながら2度、3度と、刀と櫂を交えるのだが、そのスピード感と迫力は今時のCG映像にはないものだ。深作欣二監督も細かくカットを割って見せることをしない。移動カメラを使って2人の激しい動きを追う。観客に殺陣の醍醐味を存分に味わってもらうための演出である。

最後は高く跳躍した十兵衛の刀が武蔵の振りかざした櫂を真っ二つにし、頭にまで届く。さらに下から刀を武蔵の胸に突き上げ、とどめを刺すのである。時間にすれば3分ほどに過ぎない。だが、従来の武蔵と小次郎の対決とは一味違う、臨場感たっぷりのシーンに仕上がっている。

考えてみれば、60回以上の決闘を行って無敗のまま生涯を閉じたと伝えられる武蔵である。その武蔵が脳天を割られて負けるという話は、それまでフィクションといえども、なかったはずだ。しかも魔界からよみがえり、妖鬼となった武蔵を十兵衛が倒すのである。こんな荒唐無稽な話を観客に納得させるには迫真の殺陣がものを言うし、こうした本格的な殺陣は一朝一夕に身につけられるものではない。

殺陣の天才、若山富三郎さん

私はこれまでさまざまな俳優と出会い、共演させていただいてきたが、殺陣の名手といったら、この人しか頭に思い浮かばない。

若山富三郎さんである。

若山さん以外にも、近衛十四郎さん、市川雷蔵さん、萬屋錦之助さん、三船敏郎さん、若山さんの弟の勝新太郎さん……と、鮮やかな殺陣で鳴らした俳優は少なくない。しかし私が、この目で見た限り、若山さんの殺陣のスピード、美しさ、迫力は群を抜いていた。

運動神経にも恵まれ、50歳を過ぎてもバク転、バク宙を軽々とやってのけたし、刀から槍《やり》や薙刀《なぎなた》まで、剣術はなんでもこなした。弟の勝新太郎さんも、「殺陣は、お兄ちゃんにはかなわない」と舌を巻いたほどだ。

初めて若山さんの殺陣に驚かされたのは、私が主演した映画『日本暗殺秘録』における大立ち回りだった。

若山さんが登場するのは、冒頭で描かれる桜田門外の変のシーン。薩摩藩の尊王攘夷の志士、有村次左衛門役の若山さんは大老・井伊直弼の行列を襲うのだが、敵を次々に追い詰めて斬り倒し、井伊大老を殺害するまでの殺陣はすさまじい。ワンカットに近い撮影が効果を上げたのも、若山さんの殺陣があってのことで、今観ても思わず息を呑《の》む。

その後、若山さんの当たり役となったのが、自ら出演を渇望した映画『子連れ狼』シリーズ（1972～73年）だろう。原作劇画さながらの激烈な殺陣とアクションが人気を呼び、シリーズは6作まで続いた。

第1作『子を貸し腕貸しつかまつる』と第2作『三途の川の乳母車』を1作品にした『Shogun

Assassin』は、海外でも高く評価された。私の友人、クエンティン・タランティーノも、この映画の大ファンである。

若山さんの殺陣は撮影の現場だけでなく、映像でも繰り返し見てきた。そのたびに感心させられるのは、恐ろしく速いにもかかわらず、速さの中に、ちゃんと〝間〟があることだ。

それは文章における句点や読点のようなもので、この微妙な〝間〟は真似しようと思っても、なかなか真似できない。

おそらく若山さんも理屈ではなく、稽古や経験を積み上げていった過程で、体に染み込ませたものなのだろう。一連の動きの中で、ごく自然にテンやマルを打っている。それが若山さん独自の〝ケレン〟となって表現されているから、観客は魅了されるのだ。

若山さんとは『日本暗殺秘録』で共演こそかなったが、絡みはなかった。だから、私はその後、東映の京都撮影所で若山さんと会うたびに教えを乞うた。

若山さんに教えていただいた殺陣のかたちの一つに、峰打ちがある。

峰打ちとは相手を刃ではなく、反対側の〝峰〟で叩く技だ。抜刀した後、相手に致命傷を与えないために、刀の反りを逆さにして、振り下ろすのである。

この峰打ちについて、若山さんには持論があった。

「実は、空手の動きは殺陣にも生かせるんだよ。人を斬る殺陣には空手は必要ないが、峰打ちは空手の突きを意識すると、かたちが決まる。斬り倒すときは相手をスパッと斬るが、峰打ちは相手を砕くようにドンと叩くだろう。問題は、そのあとだよ。空手と同じ要領で、当てたらサッと引け」

若山さんは、空手をやっていた私だからできると思って、峰打ちの極意を教えてくれたのだ。刀で打ったら、素早く引く。その残像が美しければ美しいほど、殺陣は絵になる。

おそらく若山さん仕込みの峰打ちができるのは今や、私しかいないだろう。

うれしいことに、今でも「千葉真一の殺陣は美しい」と評価してくれる方は多いが、それは若山さんの教えに負うところが大きいのだ。

若山さんの役者としての素晴らしさは、殺陣だけではない。演技力も折り紙つきだ。その良い例が、市川崑監督の『悪魔の手毬唄』（77年）である。主人公の金田一耕助とは昵懇《じっこん》の磯川警部を好演し、ブルーリボン助演男優賞を受賞した。

さらに、木下惠介監督の『衝動殺人　息子よ』（79年）では、ゆきずりの殺人で意味なく息子を殺された父親を演じ、この年の主演男優賞を総なめにしている。

あるいは、リドリー・スコット監督の『ブラック・レイン』での演技を覚えている映画ファンも多いだろう。マイケル・ダグラスを向こうに回し、ヤクザの大親分を貫禄《かんろく》たっぷりに演じた。

そんな名優であり、尊敬する大先輩の若山さんを相手に、私が真正面から挑んだのが『魔界転生』だった。

監督は私の最大の理解者でもある深作欣二さんだから、ふだんなら緊張することはほとんどない。

深作監督の手のひらの上で安心して、思う存分、演技できるのだが、このときばかりは、いささか勝手が違った。

若山さんの役は、私が演じる柳生十兵衛の父・柳生但馬守宗矩。しかも、映画のクライマックスで、十兵衛は父と剣を交え、勝負しなければならない。つまり、「父と子」「師と弟子」の対決といっていい。それは、現実の若山さんと私が役者として殺陣で勝負することでもある。考えるだけで、身が引き締まった。

炎の中の師弟対決

柳生十兵衛とは、どのような性格の人物だったのだろうか。

『魔界転生』の原作者である山田風太郎先生は、『柳生忍法帖』において十兵衛について記している。「凛然とした気品と背中合わせの野性、父か兄のようなきびしさと同居するだだっ子じみた無頼性、冷血ともみえる非情さからこぼれる女人への侠気、奔放無比の行動にないまぜれられた沈毅と慎重。——なかんずく、たくまぬユーモア…」

まさに破格の武士だ。気品と野性、無頼と侠気、奔放と沈毅《ちんき》。相反する個性を抱え込み、小さな枠や秩序に収まり切らないところに、柳生十兵衛の本質的な魅力があると言っていい。

その父である柳生但馬守宗矩は、十兵衛とは真逆の人物と言えるだろう。

徳川家康・秀忠・家光と、徳川将軍三代の剣術指南役を務め、さらに諸大名を監察する初代大目付として仕えた。まだ幕藩体制の基礎が固まり切っていなかった時代に、兵法の理を通して強いリーダーシップを発揮したのである。

武士としての忠誠心に加え、高い実務遂行能力を備えた有能な官僚でもあったということだ。『魔界転生』は、このように生き方も性格も異なる父と子が剣を交える映画でもある。幕府に忠誠を誓い、自分を律して生きた父・宗矩と、常に弱者を思い、自由奔放に生きた息子・十兵衛。宗矩に、十兵衛に対するライバル心や嫉妬心があっても不思議ではない。

おそらく、息子の十兵衛とは剣の腕は互角だ。

だから、宗矩は天草四郎による魔界からの転生を受け入れたのである。一見、荒唐無稽に思える『魔界転生』だが、実は父親の心の闇に踏み込んだ物語でもあると、私は考えている。

柳生宗矩を演じた若山富三郎さんが、とにかく素晴らしかった。今でも思い出すのは、死から魔物となってよみがえった宗矩と十兵衛が対面する場面である。

私が襖《ふすま》を開けて部屋に入ると、宗矩は、

「十兵衛〜」

と、重々しい声で振り返る。このときの若山さんの演技には鬼気迫るものがあった。青白い顔に、半開きの口。見ただけで背中に冷たいものが流れるほどの妖しい表情は、歌舞伎の手法を取り入れたものだ。

この後、十兵衛が「これが、あの親父殿か……」といった驚きの表情をする姿がアップで映し出される。時間にすればわずかだが、私は、この映画における名場面の一つだと思っている。

クライマックスは、燃え盛る江戸城天守閣での宗矩VS十兵衛の決闘である。

撮影は東映京都撮影所のスタジオに建てられたセットを、本当に燃やす中で行われた。普通、火事のシーンを撮る場合、実際にセットを燃やすことはめったにない。もちろん、安全面を考慮してのことである。

どうするかというと、撮影用のバーナーをセットの後ろやカメラの前に置くことにより、あたかも建物全体が燃えているように見せるのだ。これならセットに火が燃え移ることもない。

ところが、深作欣二監督は納得しなかった。

そんなやり方では、クライマックスにふさわしい迫力を出せないというのだ。しかも、深作監督はカメラを固定し、炎から離れた場所から望遠レンズで撮影するのではなく、セット内にレールを敷いて移動撮影する方法を選択した。つまり、撮影スタッフもカメラを持って炎の中に入らなければならないのだ。

こうして、万が一に備えて消防車を待機させ、京都撮影所のスタッフ総出で消火器を構える中、対決シーンの撮影は始まった。

深作監督には直前に大声で、釘を刺された。

「おい、千葉ちゃん、どんなに熱くなっても絶対に、そこから逃げるんじゃないぞ。いいな！」

その熱さがどれくらいのものかは、そこに立った者でなければ分からない。とにかく熱い。信じ

若山富三郎さんと

られないほど熱い。立っているだけで、カツラの毛先がジリジリと焦げてくるような感じだった。

しかし、若山さんも私も炎にひるむことなく、いや、むしろ敢然と炎に立ち向かう気持ちで、激しい立ち回りを演じた。燃え広がる火のせいで、後方のセットが崩れ落ちるようなこともあったが、炎のすさまじい迫力にも負けない迫真の芝居ができたと思う。今、観ても、激しい炎が私たちの殺陣を盛り上げてくれるように映っている。

それは炎と殺陣、演出と撮影が一体化することで生まれた映像である。

当時と今では、撮影方法はずいぶん変わった。多くの人が「そんな危険なことをしなくてもCGがあるじゃないか」と考えるはずだ。しかし、実際に炎の中で撮影するのと、CGで編集するのとでは、映像の厚みがまるで違う。

そもそも、演じる役者の気持ちの入り方が違う。役者の気迫は必ず映像となって現れるものだ。

さらに厳しいことを言わせていただくなら、近年の時代劇には、かつてのような殺陣は存在しない。所作を見ても、刀の扱いを見ても、すべて軽い。私には、ゲームの世界が再現されたようにしか見えないのだ。

いったい日本の時代劇の伝統は、どこへ行ってしまったのだろうか。

日本一の斬られ役、福本清三さん

福本清三さんが2021年の元旦に亡くなった。

半世紀以上にわたり、斬られ役や殺され役ばかり演じてきたことから、「5万回、斬られた男」の異名を持つ役者である。私たち俳優仲間の間では「福ちゃん」の愛称で親しまれた。

1939年生まれの私に対し、福ちゃんは43年生まれ。私のほうが4歳年上だったが、東映に入社したのは同じ59年。考えてみれば同期なのだ。ただ、私はニューフェイス試験に合格し、東映の東京撮影所で俳優活動をスタートさせた。

一方、福ちゃんは中学卒業後、親戚のツテで東映京都撮影所に入社。当時、数百人が所属した「大部屋俳優」となった。ここから、やがて日本一の斬られ役へとなっていくわけだが、東京撮影所の私と京都撮影所の福ちゃんが接点を持つ機会は、なかなかなかった。

私の記憶では、深作欣二監督の出世作『仁義なき戦い　広島死闘篇』が最初だったと思う。福ちゃんは私が演じた武闘派ヤクザ、大友勝利の子分の一人だった。そして、ここでも見事な殺され方を見せてくれた。

大友組の隠れ家で仲間2人と拳銃の手入れをしていると、そこへヒットマンの山中正治が現れる。演じるのは欣也ちゃん（北大路欣也）だ。福ちゃんはまだ銃の整備の真っ最中。弾を込めるシリンダーのついていない銃を構えるしかなく、あっけなく撃たれてしまう。

素晴らしいのは撃たれっぷりだ。至近距離からの銃撃により体を一回転させて倒れ、死んでいくのである。実際に、銃撃によって、こんな倒れ方をするかどうかなんて分からない。しかし、こうしたエネルギッシュな映像こそが『仁義なき戦い』シリーズの魅力であり、深作監督が求めた世界だった。

当初、このシーンを撮影するにあたり、深作監督は強力なゴムで体を回転させることを考えていたらしい。ところが、福ちゃんは、そんなものなしに、自分の体のバネだけで一回転してみせたのである。

まさに深作監督好みの役者なのだ。福ちゃんが『仁義なき戦い』シリーズのほとんどに出ているのは偶然ではないし、深作監督はアクションシーンになると、よく福ちゃんを探した。

「おい、福ちゃんはいねぇのか。誰か、すぐに呼んできてくれよ」

スタッフが福ちゃんを連れてくると、

「おい、福ちゃん。おまえさんなら、この場面で、どうやって殺される？　何か、いいアイデアはないか」

と尋ねる。

するといつも福ちゃんは即座に自分の考えを提案するのである。もちろん、深作監督は面白いと判断したら、必ず、それを採用した。要するに、福ちゃんは監督のリクエストに応えられるだけの引き出しを、いくつも用意していたのである。

撮影現場に来ると、自分の出番がなくても、じっと他の役者の演技を見ていた。そこで自分なりに学び、研究し続けたに違いない。その姿勢が出番は少なくても記憶に残る演技となって、実を結んだのである。

どうしたら、目立つ殺され方や斬られ方ができるか。福ちゃんがスクリーンで表現したのは、観客に痛みの伝わる殺され方であり、斬られ方だった。

私にとっても、深作監督にとっても初めての本格派時代劇となった『柳生一族の陰謀』にも、福ちゃんは出演した。さらにテレビ時代劇版『柳生一族の陰謀』でも根来忍者を演じ、屋根の上で、すさまじい立ち回りを披露している。

このとき、彼はテープを貼って目尻を吊り上げ、鋭い顔をするためのメイクを施している。これも自分のアイデアだ。悪役や剣客を演じるときは決まって、このメイクで臨んだ。

ふだんの福ちゃんは優しい目をした、口数の少ない人物なのである。

こうして下積みを続けた福ちゃんが脚光を浴びたのが、ハリウッド映画『ラスト　サムライ』だろう。主演のトム・クルーズと２人で歩く場面は言葉こそ交わさないが、それが、むしろ彼の寡黙な魅力を際立てていたし、クルーズをかばって銃弾に倒れるシーンも見事だった。

さらに、２０１４年には『太秦ライムライト』において、俳優人生初の主演を果たした。演じた役は斬られ役専門のベテラン俳優だから、福ちゃん自身の実人生と重なる。そんな俳優が長年続いたテレビ時代劇の終了とともに、仕事が激減してしまう。そのため、彼は映画村のチャンバラショーに出るようになるのだが、ある日、新人女優と出会い、殺陣の指導をするうちに師弟の関係が生まれる……。そんなストーリーである。

タイトル通り、チャップリンの『ライムライト』（１９５２年）が下敷きになった、心温まる映画である。しかし、私が最も感心したのは、福ちゃんをはじめとするキャストやスタッフの、時代劇に対する愛情である。

殺陣は日本が世界に誇る芸術

時代劇は日本映画の草創期からあった。俳優のセリフや音響が入っていない、いわゆるサイレント映画の頃から数多くの時代劇が作られ、今風に言えば人気コンテンツだったのだ。

ここから阪東妻三郎さん、嵐寛十郎さん、片岡千恵蔵さん、市川歌右衛門さん、月形龍之介さんといったスーパースターが輩出されたわけである。

ちなみに〝バンツマ〟の愛称で親しまれた阪東妻三郎さんは京都郊外の太秦村に初めて映画の撮

影所を建設された方であり、この撮影所が後に東映京都撮影所となった。バンツマさんが、先頃亡くなった田村正和さんのお父様であることは、往年の映画ファンなら、よくご存じだろう。

戦後しばらくは「時代劇は封建的で、軍国主義につながる」と考えたGHQによって、その製作が厳しく制限された。しかし、1951年のサンフランシスコ講和条約成立の頃から、再び映画会社は自由に時代劇を作れるようになった。

娯楽を渇望していた多くの日本人は映画館に通い、時代劇を観て留飲を下げたのである。50年代はまさに時代劇の黄金期でもあり、その中心にいたのが戦後設立された新興の映画会社、東映だった。ベテランの片岡千恵蔵さん、市川歌右衛門さんらに加え、萬屋錦之介さん、大川橋蔵さん、東千代之介さんといった若手スターが大ブレイクし、時代劇を盛り上げた。

私が東映に入社したのはまさに、そんな時代だった。現代劇を希望した私は東京撮影所に所属したが、当時、東映の屋台骨を支えたのは時代劇を製作する京都撮影所だった。

映画館から時代劇が消えていったのは60年代後半からだろうか。それでも、今度はテレビで盛んに時代劇が作られるようになり、戦前から培ってきた時代劇の伝統やノウハウは受け継がれたのだ。

78年、私が初めて出た時代劇『柳生一族の陰謀』は、東映にとって実に12年ぶりの時代劇映画だったわけだが、このとき、私は萬屋錦之介さんをはじめとする先輩俳優や、長年、時代劇作りに携わってきたスタッフの方々から、多くのことを肌で学ばせてもらった。

時代劇に欠かせないものに殺陣がある。

殺陣とは、斬る側と斬られる側のコミュニケーションだ。そのコミュニケーションがうまくいかないと、すべてが狂い、流れるような立廻《たちまわ》りは生まれない。0・2秒、0・3秒のズレが致命的なのだ。相手が一手ズレると、その後の流れが、すべてズレてしまう。

当時は、そのようなズレを生じさせない熟練の技術を持った俳優が斬られ役にたくさんいたのである。前述の福本清三さんも、そんな一人だった。

私はJACで日頃から立廻りの稽古をしていたから、すんなり時代劇の世界に入っていくことができたが、それでも斬られる側が、ぴったり呼吸を合わせてくれなければ、美しい立廻りは成立しない。

当たり前のことだが、一朝一夕に習得できる技術ではなく、訓練し、場数を踏むしかないのだ。それが伝統を受け継ぐということである。かつての東映には、それができる環境があり、そこで役者やスタッフが育ったから、素晴らしい時代劇を製作できた。

映画で使う日本刀は、もちろん本物ではない。本物の日本刀に比べれば、ずいぶん軽い。これを軽く見せないのも大事なことだ。

軽い刀をただ思い切り振り回しても、刀の重さは表現できない。分かりやすいのが、王貞治さんの一本足打法だ。しっかり腰が入っているから、スイングは速くなる。時代劇で使う刀も腰が入っていなければ、どんなに力を込めて振り回しても、観客に本物と思わせる迫真性は生まれない。

むしろ、力は必要ない。腰が入っていれば、日本刀の切っ先が走るのである。切っ先が走れば、殺陣は自ずと速く見える。

足の運びも重要だ。無駄のない足の運びが殺陣の美しさを生む。若山富三郎さんや萬屋錦之介さんら殺陣がうまい役者の、刀を持った手ではなく、足を見てほしい。いかに無駄がないかよく分かるはずだ。

私は時代劇における殺陣は、日本が世界に誇るパフォーマンス芸術だと思っている。それは高度に洗練された技術があるからだけではなく、殺陣には日本人ならではの精神性が宿っているからだ。

まず、刀を抜いて相手を斬るまでが一つのドラマである。相手と目が合った瞬間、どんな気持ちで刀を構えるのか。さらに、自分が傷ついたり、相手を殺したりしたときに、心はどのように変化するか。そうした心情を顔や体だけでなく、刀で表現するのだ。

刀の先には、それを手にした者の情念がすべて込められている。それこそが日本映画の殺陣なのである。

時代劇はどこへ行く……

殺陣や所作など時代劇が培ってきた伝統が途絶えてしまうのではないかと私が危惧し始めたのは、21世紀に入ってからである。

まず映画やテレビで作られる時代劇の本数が減った。コンスタントに作っているのはＮＨＫくらいで、大河ドラマは今なお高い視聴率を記録している。

しかし、その大河ドラマでさえ、大丈夫だろうかと思うことがある。

私は2007年の『風林火山』で、初めてNHKの大河ドラマに出演した。ご存じのように、ドラマの主人公は武田信玄の軍師として知られる山本勘助。これを内野聖陽さんが演じた。武田信玄役は市川亀治郎（現・市川猿之助）さん。私は幼少期より信玄の傅《も》役を務めた武田家の重臣、板垣信方。当時68歳の私は、強さと厳しさと真の優しさを併せ持った「日本のおやじ像」を、この役に託して演じた。

その撮影中に、こんなことがあった。

武田家に恨みを抱く勘助が信玄を斬ろうと近づいてくるシーンのリハーサルだった。板垣信方が扇子を投げて信玄を守ると、信玄は「分かったか」と言って、側近から取った刀で勘助を斬る真似をする。そして、刀を側近に戻すのだ。このとき、側近役の若い俳優は素手で刀を受け取った。

私は「違う」と、思わず声に出した。武士が親方様の刀を素手で受け取ることなど、ありえないからだ。

「刀に手の脂がつかないように、着物の小袖を絡めて受け取らないと」

若い俳優もスタッフも私の意見に耳を傾け、すぐに納得してくれた。ところが今度は、その若い俳優が、どのように動けばいいのか、まるで分からない。結局、私が手取り足取り教えなければならなかった。

こうした所作や作法の勘違いやミスは、最近の時代劇を見ていると少なくない。大げさな言い方かもしれないが、武士の精神が、そこには宿っていないのだ。

近年、大ヒットした映画『るろうに剣心』シリーズ（12〜21年）も、そうである。『るろうに剣心 最終章 The Final』（21年）には私の長男・新田真剣佑も出ているが、あえて厳しいことを言うなら、日本の時代劇が継承してきた殺陣の美しさや、武士の魂が感じられるような所作が描かれていない。

俳優たちが、いかにも軽そうな刀を振り回し、スクリーン狭しと激しく動き回る光景は、伝統の時代劇とは明らかに違う。ゲームの世界にしか見えないのだ。

しかし、愚痴ばかり言っていたところで、事態が変わるわけではない。日本の時代劇の伝統を絶やさないためには、我々がホンモノの時代劇を作るしかない。私はその覚悟だし、すでに複数の企画を温めている。

一つは『柳生一族の陰謀』の続編である。

あの映画では、将軍・徳川家光は柳生十兵衛によって首を刎《は》ねられたが、家光は影武者だったという設定にすれば、新たな物語が生まれる。今度は十兵衛が徳川家と柳生家双方に追われる番だ。老いた十兵衛が刺客を返り討ちにしながら、ひたすら逃げる。余計なエピソードは要らない。予算も、さほど必要としないし、映像もモノクロにして、追う側と追われる側の迫真の殺陣を見せたいと考えている。

そして、十兵衛が、どんな最期を迎えるか……。そこまで、しっかり描き切りたい。

幸い柳生宗矩を演じた萬屋錦之介さんにそっくりの弟・中村嘉葎雄さんも、家光を演じた松方弘樹ちゃんにそっくりの弟・目黒祐樹さんも健在である。ともに、殺陣は一流だ。

もう一本は『水戸黄門』である。黄門様、つまり水戸光圀公を演じるのは、もちろん私。助さん、角さんには、長男の真剣佑と次男の眞栄田郷敦を想定している。

この黄門様が手にしているのは、いわゆる仕込みで、腕は立つ。だが、無類の女好きで、旅先で泊まるのは決まって遊女屋。しかし、これには別の理由もある。当時、遊女屋は、その土地の裏情報が一番集まる場所でもあったからだ。

黄門様一行の真の敵は当時の将軍、徳川綱吉。綱吉が将軍になれたのは黄門の尽力があったからだが、黄門は綱吉が出した「生類憐みの令」が許せないのだ。クライマックスは「黄門、助さん、角さんVS綱吉配下の侍たち」の壮絶な殺陣。黄門は年が年だから、斬り合いの途中で息が上がることもある。そこがリアルで面白い。真剣佑も郷敦も大いに乗り気だし、間違いなく面白い映画になるはずだ。

第4章

キンジ・フカサクの遺伝子

~監督進出、クエンティン・タランティーノとの出会い

忍者への強い関心があった

時代劇における私の当たり役といえば、柳生十兵衛と、もう一つが服部半蔵だ。どちらも長期にわたって、何度も演じさせていただいた。それだけに、今でも格別な思い入れがある。

服部半蔵の名前は時代劇ファンでなくても、多くの日本人にとって、おなじみだろう。なにしろ、藤子不二雄Ⓐさんの漫画のタイトル（『忍者ハットリくん』）にも使われているくらいで、もはや忍者の代名詞のような存在である。

実は、私は半蔵を演じる前から、忍者そのものに強い関心を持っていた。多くの文献に当たり、専門家から話を聞くなどして徹底的に調べたのだ。

忍者は城などの敵の本拠地に侵入し、情報収集活動や破壊活動を行う。あるいは変装して、偽の情報を流すなどして敵を攪《かく》乱したり、主君や重要な家臣の身辺警護をしたりもする。

その意味では、戦争によって多くの犠牲者が出るのを、未然に防ぐ役割を担っていたとも言えるのではないだろうか。忍者にとって最も大事な任務は、何があっても生きて残って主君の元に戻り、重要な情報を伝えることなのだ。

また、兵法や薬学など多くの知識を持ち、高い身体能力に培われた剣術、火術、呪術などを自在に使いこなしたともいわれ、こうした特殊な能力がクローズアップされることで数々のユニークな忍法小説も生まれた。それを映像化した映画やテレビも多く作られ、今では〝ＮＩＮＪＡ〟は外国人も知る世界共通の言葉となっている。

だが、私の関心は、そのような忍者の特殊な能力以上に、彼らが誕生した背景にあった。

歴史的には忍者が生まれたのは室町時代であり、戦国時代に入ると、その能力が群雄割拠した武将たちに重宝されることになる。当時は「忍び」「乱破《らっぱ》」「草」など、地方によって、さまざまな異名で呼ばれたようだ。

忍者という呼び名が定着したのは、忍法小説がブームとなった昭和30年代になってからのことである。

もともと、彼らは主君も領土も待たない小さな集団に過ぎなかった。だからこそ、特殊な能力を身につけることで時の権力者との間に主従関係を結び、必死に生き延びようとしたのではないか。つまり、社会的弱者だったのではないかというのが私の考えである。

私が演じた柳生十兵衛も、彼らの恵まれない境遇や生き方に共感していた一人だったと思う。

そんな忍者の姿をリアルに描いたのが、白戸三平さんの傑作長編漫画『カムイ伝』である。『カムイ伝』については、私も映画化を真剣に考えたことがあった。

しかし、クリアすべきハードルがいくつもあり、残念ながら映画化実現には至らなかった。

いずれにしても、忍者が映画の題材として非常に面白いことは確かである。『柳生一族の陰謀』を大ヒットさせた東映が、次の鉱脈として忍者に目をつけたのは当然かもしれない。

折しも、ロッキード事件で首相を退任した田中角栄氏がキングメーカーとして権勢を誇り、鉄壁を誇る田中派の議員集団が「鉄の軍団」と呼ばれていた時代である。東映の製作スタッフも、それをヒントに、陰で暗躍し、時代を動かす忍者集団の話を考えたらしい。こうした経緯で生まれた企画が1980年に公開された『影の軍団　服部半蔵』である。

監督は『十三人の刺客』（63年）などの集団時代劇で高い評価を獲得し、当時はテレビの『必殺』シリーズ（TBS系・72年〜／NET系・75年〜）などの演出を手がけていた工藤栄一さん。スタイリッシュな映像には定評があった。

そして、私に主演の話がきたのだが、結果的には、これを受けなかった。決定的な理由はスケジュールの都合がつかなかったからである。もう一つの理由は脚本を読んだ限り、私が考えるような忍者像が、そこには描かれていなかったからだ。

おそらく工藤監督のアイデアなのだろう。映画では同じ時期に2人の服部半蔵が存在したという設定になっている。「上の半蔵」を西郷輝彦さんが、「下の半蔵」を恒ちゃん（渡瀬恒彦）が演じ、どちらも伊賀忍者の軍団を率いた。

クライマックスは、伊賀忍者と甲賀忍者が対決する集団戦闘シーンである。ここにアメリカン・フットボールさながらの殺陣が取り入れられた。映画は工藤監督らしい独創的作品に仕上がっている。

映画公開から2か月後にテレビ版もスタートした。タイトルは『服部半蔵　影の軍団』。こちらは、主人公の服部半蔵を私が演じることになった。

関西テレビの作品だが、実質的には、東映の京都撮影所が制作した時代劇である。つまり、長年、時代劇を撮り続けてきたベテランスタッフが参加したわけで、私にとって、まさに願ったりかなったりの企画だった。

これが、私たちの予想を超えて当たった。

毎回、高い視聴率を記録し、気がつけば、5年にわたって計4回のシリーズが放映されていた。今もDVDは売れ、衛星放送での人気も高いらしい。

さらに熱狂的なファンは海外にも存在する。渡米の際、「服部半蔵を演じたサニー千葉」を知る映画ファンの多さに驚いたものだ。

打てば響いた樹木希林さん

忍者・服部半蔵を知っていても、その名前が特定の一人を指すものではなく、服部家の当主が代々、名乗ってきたものだということは意外に知られていない。

初代は服部半蔵保長。すでに伊賀流の忍者だったと伝えられ、第十二代将軍・足利義晴に仕えていたが、足利幕府が衰退すると、見切りをつけて三河へと移動し、松平清康に仕えた。これが伊賀流忍者と徳川幕府との深い関係にもつながることになったようだ。

二代目は服部半蔵正成。「鬼半蔵」の異名もあった槍の名手で、すでに忍者ではなく武士となっていた。父の没後は徳川家康に仕え、掛川城攻め、姉川の戦い、三方ヶ原の戦いに家康とともに参戦し、目覚ましい武功をあげて家康から槍を褒美として与えられている。

正成の活躍でよく知られる史実が「神君伊賀超え」だろう。

明智光秀の反乱により織田信長が死亡した時点で堺にいた家康は急遽、本国の三河に戻ることにした。しかし、軍勢に乏しく、帰還は困難を極めた。このとき、真価を発揮し、窮地を救ったのが正成である。伊賀の土豪と交渉し、彼らに警護をさせながら、無事に三河へと戻ったのだ。

こうした功績によって、伊賀者は伊賀同心として徳川家に仕えることになり、服部半蔵がその指揮を執ることになった。徳川家康が江戸に幕府を開いたときには、伊賀同心が江戸城西門の警備に当たった。これが今なお、名を留める半蔵門である。半蔵門は隠密の通用門でもあったらしい。

三代目が服部半蔵正就。私が『服部半蔵　影の軍団』（以下『影の軍団』）で演じた役だ。正就は正成の後を継ぐが、不行状で統領を追われ、大坂春の陣で行方不明になった。

しかし、実際には分かっていないことも多く、そこにフィクションの入り込む余地もある。つまり、アイデアとシナリオと役者次第で面白い時代劇を作ることができるわけだ。

『影の軍団』は、主人公の三代目半蔵が江戸市中に潜み、湯屋の主人として過ごしているという設定にした。将棋を指すのが大好きで、周囲の人からは「半さん」と慕われるお人よし。すでに幕府隠密の座は甲賀忍者に奪われ、職を失った伊賀忍者は散り散りとなっている。

ところが、半蔵は幕府内の権力闘争に否応なく巻き込まれ、伊賀忍者たちを糾合、影の軍団として闇の闘いを繰り広げるのである。

なかなか秀逸なアイデアだと思ったのは、伊賀忍者のアジトを一軒家の銭湯にしたことである。時代劇らしい権力闘争に加え、コミカルなお色気も加味することができたのだ。

武士同士の立ち回りでは、飛んだり跳ねたりの派手なアクションはない。しかし、忍者なら、そのような制約はないし、ＪＡＣのメンバーが大挙参加することで、それまでの時代劇にはなかったダイナミックなアクションシーンが生まれた。

シナリオのクオリティも高かった。江戸の人情噺《ばなし》のテイストを交えているが、その背後に、半蔵の権力には与《くみ》しない反骨精神が垣間見える。彼のセリフが、それをよく表している。

「影はあくまでも影。光にはなれん。それが運命なら、影として自由に生きたい。そして、徳川の天下を影から操ってやる」

テレビだから映画に比べて制約は多かったが、私が考える「社会的には虐げられていた存在」であった忍者の姿を描くことができたと考えている。

『影の軍団』としてⅠからⅣまで4シリーズ、さらに『幕末編』まで加えると5つのシリーズが作られた。さまざまな実力派俳優が出演したが、ずっと変わらなかったキャストが樹木希林さんと私である。

最初のシリーズでは髪結い屋の女主人。その後は演じる職業が微妙に変わったが、私に片思いする下ネタ好きの女性という役どころは一貫しており、そんな希林さんと私のやりとりは、ずいぶん評判になった。

私自身、演じていて実に楽しかった。

朝、撮影所に入ると、彼女は最初に私の控室にやって来るのだ。

「千葉ちゃん、今日のシーン、どうしようかね」

私が「面白いアイデアがあれば、いつでも持ってきてください」と言っていたからでもあるのだが、お互い、次々にアイデアを出し合い、それが面白ければ、監督に相談したうえ、すぐに取り入れてもらった。

とにかく女優としての奥が深く、演技の引き出しをいくつも持っている。

あるとき、こんなことがあった。

「千葉ちゃん、今日は何をはくのよ？」

「えっ、袴《はかま》ですが」

「そうなの。じゃあ、金玉つかませてもらうからね」

「いいですねぇ。ぜひ、やってください」

打てば響くとは、彼女のような女優のことを指すのだろう。

芝居とは何か。

たとえば、役になりきり、共演者と阿吽《あうん》の呼吸でやりとりすることだと言えるだろうか。そこにアイデアが加わると、芝居に奥行きや幅が生まれ、観客の心をグッとつかむことができる。樹木希林さんは、そんな芝居ができる人だった。

早いもので、亡くなられて今年で3年になる。もう一度、共演したかった。

ハリウッドも認めた『影の軍団』

『影の軍団』は、私たちの予想を超える人気番組となった。すぐにシリーズ化が決定し、八代将軍徳川吉宗の時代、九代徳川家重の時代、四代徳川家綱の時代、さらには幕末と時代設定を次々に変えながら、5つのシリーズが作られた。おかげさまで、今も１９８０年代を代表する傑作時代劇だったという評価をいただくことが多い。

これだけの時代劇を作ることができたのは、スタッフと役者が一丸となり、映画に負けない、質の高いテレビ時代劇を作ろうとしたからである。撮影現場の空気も素晴らしかった。

『影の軍団』は映画ではなかったが、映画と同じような熱気を帯びた現場で撮影が行われた。

私は映画もテレビも、ギブアンドテイクの世界だと考えている。監督以下、スタッフや役者が最高のものを持ち寄るから、その成果として素晴らしい作品が生まれるのだ。誰か一人でも手を抜けば、作品はどんどん、つまらなくなっていく。

あまり知られていないが、深作監督も『影の軍団Ⅱ』（81年）の第1話でメガホンを取っている。脚本にも参加していただいた。

そして、『影の軍団』シリーズの人気は、テレビだけにとどまらなかった。

87年に『千葉真一奮闘公演・影の軍団』として舞台化され、大阪の中座で上演された。

さらに2003年には映画として復活し、『新・影の軍団　序章』が公開された。

私が演じたのは、徳川家康に仕える二代目の服部半蔵。半蔵率いる伊賀忍者、豊臣家配下の猿飛佐助率いる甲賀忍者、さらに風魔一党を交えた壮絶な戦いが描かれ、シリーズは6作目となる最終章まで続いた。

驚くべきことに、『影の軍団』シリーズの人気は海外にも飛び火した。ロサンゼルスの日系テレビ局で英語字幕をつけて放送されたため、多くの映画人や映画ファンが見ていたのだ。

熱狂的なファンの代表がビクトリア・ハーストだろう。彼女はアメリカの新聞王ウィリアム・ランドルフ・ハーストの孫娘。ウィリアム・ランドルフ・ハーストとはオーソン・ウェルズの傑作『市民ケーン』（1941年）のモデルにもなった新聞王である。ビクトリアは来日までして、とうとう『影の軍団Ⅳ』（85年）と『影の軍団　幕末編』（85年）に、端役ではあったが、出演まで果たした。我々も、彼女の熱意にほだされたのである。

映画監督のクエンティン・タランティーノと俳優のサミュエル・L・ジャクソンも、この作品に熱中したクチである。クエンティンに至っては全作を見たうえ、録画までしていた。実際に彼の自宅で、それを見せられたときは本当に驚いたものだ。

クエンティンは、自分の映画にも『影の軍団』を引用している。

『影の軍団Ⅳ』で私が敵の首領を倒す前に、こんな決め台詞を口にしたのを覚えているだろうか。
「名もなく、地位なく、姿なし。されどこの世を照らす光あらば、この世を斬る影もあると知れ。天魔伏滅！」

私はクエンティンの最高傑作は『パルプ・フィクション』（94年）だと思っているが、この映画の劇中、サミュエルが人を殺す前に聖書の引用を長々としゃべるのは、服部半蔵のセリフをイメージしたらしい。しかも、その言葉は聖書の一節などではなく、クエンティン自身が勝手に創作したものである。なんとも遊び心のある映画監督だ。

そして、彼は、ついに私を自分の映画に引っ張り出した。役名はなんと「服部半蔵」。その映画こそ、日本を舞台にした『キル・ビル』である。

海外には俳優出身の名監督が多い

ハリウッドには俳優出身の映画監督が多い。

その代表がチャールズ・チャップリンだろう。『街の灯』（1931年）、『モダン・タイムス』（36年）、『チャップリンの独裁者』（40年）、『ライムライト』など、監督・主演を務めた名作は数知れない。

そして、90歳を超えた今も元気にメガホンを取っているのがクリント・イーストウッドだ。監督に徹するときもあれば、監督と主演を兼ねることもある。すっかり老年となってからも、『グラン・トリノ』（２００８年）や『運び屋』（18年）など自分の年齢に見合った役を次々に演じ、監督もこなしている。同じ俳優として羨ましい限りだ。

他にも、ジーン・ケリー、ウディ・アレン、ロバート・レッドフォード、ジョージ・クルーニー、ソフィア・コッポラ……と、挙げていけば切りがない。

案外、若い映画ファンが知らないのがロン・ハワードだろうか。『アポロ13』（１９９５年）や『ダヴィンチ・コード』（２００６年）といった大作を撮り、さらには『ビューティフル・マインド』（01年）ではアカデミー監督賞に輝いた。

そんなロン・ハワードの映画の出発点は俳優だった。ジョージ・ルーカス監督の『アメリカン・グラフィティ』（１９７４年）では主役の一人、優等生の青年を演じている。このときは、彼が大監督になるとは誰も想像していなかったはずだ。

もちろん、日本にも俳優で監督を務めた人はいる。

古いところでは佐分利信さんだ。『慟哭』（52年）など、キネマ旬報のベストテンに入った作品を含め、14本の監督作を残した。

女性だと、田中絹代さんや左幸子さんが監督をしているが、その数は少ない。やはり、日本映画の撮影スタッフは、俳優が監督をすることに対して歓迎しないのだ。よく言えば職人気質、悪く言えば保守的で、「俳優は俳優。演じることに徹すればいい。裏方の仕事は俺たちにまかしておいてくれ」といった考えの人が多い。

こうした状況に一石を投じることになったのが北野武監督である。ご存じのように、お笑い芸人であり、俳優であり、そして今では海外での評価も高い「世界のキタノ」だ。北野監督と同じ頃に監督デビューした竹中直人さんも、俳優活動と並行してコンスタントに監督を務めている。

私は、監督もスタッフも俳優も「いい映画を撮りたい、いい映像を撮りたい」という目標に向かって進んでいる点で、方向性はまったく同じだと思っている。

映画とは監督以下のスタッフと俳優が一緒に作り上げていくエンターテインメントなのだ。だから、若い頃から自分が正しいと思ったことはその場で口にした。

「今のショット、ちょっと甘いと思うんですが」

そんなことを現場で言うものだから、煙たがられたり、生意気だと思われたりしたことは少なくない。

しかし、私は監督やカメラマンの意図を知ったうえで芝居をしたいのだ。

映画の現場を長年経験していれば、撮影される側でなければ分からない感覚や視点が生まれる。だから、たとえば、カメラマンに、こんなことを聞く。

「今、何ミリのレンズで撮っているんですか」

レンズによって捉える範囲が違うし、それが肌で分かるからだ。私は常に、今撮っているシーンが、映画館のスクリーンでは、どう映るかを頭の中に入れながら、芝居をしている。

私のような異端児を受け入れてくれたのが深作欣二監督だった。すでにお話した通り、深作監督は自分が面白いと思えば、俳優のアイデアを積極的に取り入れた。ときには大部屋俳優の話にも耳を傾けた。映画を作るうえでの柔軟性や懐の深さという点では、やはり突出した才能の方だったと思う。

もう一人、こんな私を高く評価してくれたのが、角川映画の総帥・角川春樹さんである。1970年代後半から80年代は、角川さんのバイタリティと発想の豊かさが日本の映画界を牽引《けんいん》した時代だった。

私は角川さんに口説かれて、映画『戦国自衛隊』で、アクション監督を務めた。アメリカのアクション映画ではアクション専門の監督が就くのが当たり前だったが、日本では私が初めてだった。予想した通り、私を白眼視するスタッフもいたが、気にしなかった。私は良い映画を作るためならなんでもするし、我慢もする。

この作品での仕事が評価され、その後も、真田広之が主演した『忍者武芸帖　百地三太夫』、『吠えろ鉄拳』（81年）といった作品でアクション監督を担当。もちろん、アクションシーンではＪＡＣのメンバーが大活躍した。

さらに、アクション監督としての集大成となった映画が、時代劇『将軍家光の乱心　激突』である。

アクション監督の一歩先へ

東映が12年ぶりに製作した『柳生一族の陰謀』が大ヒットしたのは1978年だった。これを起爆剤に、『赤穂城断絶』、『真田幸村の謀略』(79年)、『徳川一族の崩壊』(80年)など、映画でも本格的な時代劇が作られるようになった。私が主演した『戦国自衛隊』もSFではあるが、時代劇のジャンルに入れてもおかしくない。

さらに1980年代に入ると、『忍者武芸帖　百地三太夫』、『魔界転生』や『里見八犬伝』など、忍術や妖術を扱った時代劇が作られた。

しかし、この頃の時代劇といえば、もっぱらテレビが主だった。私の『影の軍団』シリーズや、『柳生あばれ旅』シリーズが人気を博した時期でもある。

そんな時代劇の衰退期に、東映が放った時代劇映画の久々の大作が『将軍家光の乱心　激突』だった。

プロデューサーは『仁義なき戦い』シリーズの日下部五朗さん。

監督は降旗康男さんだ。『居酒屋兆治』(83年)、『鉄道員』(99年)など、東映を辞めてフリーとなった高倉健さんの主演作の多くを演出された方だ。健さんの遺作『あなたへ』(2012年)も降旗さんが監督した。

ストーリーはざっと、こんなところだ。

時代は江戸時代初期。将軍・家光（京本政樹）は、自分が嫌いな長男・竹千代（後の家綱）の殺害を画策する。佐倉藩に預けられていた竹千代は家光に江戸城に来るように命じられるのだが、その途中、何度も暗殺部隊に襲われる。竹千代を守るのは、老中の堀田正盛（丹波哲郎）に雇われた石河刑部（緒形拳）をリーダーとする凄腕の侍たちだった。

つまり、将軍の跡目を巡る激しい死闘を道中記として描いた活劇で、プロデューサーの日下部さんは『十三人の刺客』（63年）と『柳生一族の陰謀』を足したような時代劇を狙った。『十三人の刺客』は工藤栄一監督による実録タッチの集団抗争時代劇の傑作として名高い。２０１０年には三池崇史監督によってリメイクされている。

『将軍家光の乱心　激突』で私が演じたのは、竹千代を襲撃する刺客たちを指揮する伊庭庄左衛門。そして、俳優としてだけでなく、アクション監督も務めた。

だから、私の名前はキャストロールではなく、スタッフロールにクレジットされている。アクション監督を務めるにあたっては日下部さんに、たってのお願いをした。それは私がアクションシーンの演出すべてを行い、そのシーンの編集まで行わせてもらうことだった。そこまでしてこそ、アクション監督の仕事だと私は考えていたからだが、降旗監督も、これを快諾してくれた。

要するに、私が演出をするときには降旗監督が裏方として私をサポートするわけで、従来の日本映画にはない試みだった。

もともと私は、この企画をいただいたときから、

「凄腕の侍たちが将軍の跡継ぎである竹千代を守りながら、幾重にも立ち塞がる難敵を次々に倒していく冒険活劇にしたい」

と考えていたのだ。

だから、竹千代を護衛する浪人役には真矢武、浅利俊博といったJACのメンバーを抜擢した。もちろん、彼らはスタントなしで、すべてのシーンを自分で演じた。また、護衛役の一人、成瀬正孝君は東映のニューフェース出身で、殺陣や乗馬をはじめアクションはお手の物だ。さらに『少林寺2』（1983年）や『酔拳2』（94年）に出演した武術家のフー・チェン・チャンや、まだ無名だった頃の織田裕二君も加わった。

織田君は、この映画で初めて刀を持ったはずである。JACに来て一生懸命、稽古したのだが、何しろ時間がなく、私が望むレベルまで上達しなかった。やむをえず、物語の最初のほうで死んでもらわなければならなかった。

危険なシーンは、いくつもあった。橋が爆発して、人馬もろとも川へ転落する。あるいは侍たちが峡谷を隔てた崖から崖への綱渡りを敢行すれば、竹をしならせて飛び降り馬を強奪する。私が演出したのは危険なシーンばかりだったが、全員が私の意図をくみ、頑張ってくれた。もちろん、撮影は入念な準備とリハーサルを行ったうえで行われた。

最も話題となったのは、長門裕之さんが人馬もろとも火だるまになりながら疾走するシーンだろうか。もちろん、火だるまになったのは長門さんではなく、JACの卯木浩二によるスタントである。

そして、これらの炎上シーンを撮影するために、私は『タワーリング・インフェルノ』（74年）や『炎の少女チャーリー』（84年）を手がけたファイアースタント・コーディネーターのジョージ・フィッシャーをハリウッドから招いた。

こうして出来上がったのは、手を替え品を替えのアクションシーンがラストの緒形拳さんと私のすさまじい一騎打ちまで続く、まさに活劇の醍醐味にあふれる映画だった。

映画評論家や映画ファンからも高い評価をいただき、時代劇というより、アメリカの冒険アクション映画のようだと言ってくれた方もいた。ベルリン国際映画祭の招待作品にもなった。

ただ、アクションシーンばかりが目立ち、ドラマの部分が弱いとの指摘もあった。これは降旗康男と千葉真一という2人が演出を行ったことの弊害だろう。降旗監督には降旗監督の作風があり、私の演出した場面と噛み合わなかった点は否めない。

そろそろ自ら監督した映画を作るべきではないか。そんな気持ちが私の中に湧き上がっていた。

いよいよ監督業に進出

つい最近、我が家に若い友人たちが子連れで遊びに来てくれたことがあった。友人たちの一番の目的はゴルフ。千葉にある私の家から、ゴルフ場までは数分の距離なのだ。

ゴルフを終えて、私と友人たちは酒を飲み、楽しく談笑していたのだが、子どもたちは少しも面白くなさそうである。退屈な顔をしている。そこで、私はリビングルームで映画を見せることにした。

選んだのは『リメインズ　美しき勇者たち』（以下『リメインズ』）。今から30年ほど前に私が監督した作品である。

子どもたちが、どういう反応をするかと興味深く観察していると、すこぶる食いつきがいいのである。見終わってからも、すっかり興奮している様子だった。

「この映画、すごいよ」

「サイコー」

「次は、どうなるんだろうって、最後までドキドキだったよ」

映画とは娯楽であり、それを面白いと思うかどうかは大人も子どももない。世代の差をやすやすと超えてしまうのが映画の魅力なのだと、改めて教えられた。

ただ、子どもたちに痛いところを衝かれた。

「熊と人間が闘うシーンで、熊がホンモノに見えないところがあるよね」

その通りなのだ。熊が暴れるだけのシーンは当時、洞爺の熊牧場から一番大きく獰猛《どうもう》そうなヒグマを連れてきて撮影した。しかし、人と対峙《たいじ》し、さらに人と闘うシーンとなると、そうはいかない。着ぐるみの熊で撮影するしかなかった。細かくカットを割り、ホンモノの熊の映像を交えて編集しても、やはり、分かるものは分かってしまう。

今ならＣＧを使えば、もっとリアルな熊をスクリーンに登場させられる。しかし、この映画が製作されたのは１９８０年代後半。実写映画にＣＧが導入されることは、ほとんどなかった。

世界で初めてフルＣＧで撮られたのが82年の『トロン』である。そして、実写映画におけるＣＧ技術が飛躍的に進歩したのは１９９０年代。『ターミネーター２』（91年）や『ジュラシック・パーク』（93年）が初期の代表作だろう。

もちろん、当時はＣＧの導入にはコストを要した。アカデミー賞を６部門で獲得した『フォレスト・ガンプ／一期一会』（95年）は、１枚の羽根がヒラヒラと舞い落ちてくるシーンで幕を開ける。この、さりげないが印象的なシーンにもＣＧが使われ、そのコストだけで日本映画１本分の予算だと言われたものだ。

『フォレスト・ガンプ』では、トム・ハンクス演じる主人公とジョン・レノンやケネディ大統領が会話するシーンも話題となったが、これもＣＧによるものだ。「ＣＧとは気づかせないＣＧ」が映画で大きな役割を果たしている。

余談が長くなったが、今では、どんな映画にもＣＧは当たり前のように導入されている。以前のようにはお金もかからない。

だから、『リメインズ』も、熊と人間が絡むシーンを最新のＣＧ技術で修復しようと、私は考えている。これだけで映画の印象はずいぶん変わるし、熊と人間の闘いは、よりリアルなものになるはずだ。できることなら、修復した映像で、もう一度劇場公開をしたい。

『リメインズ』はＪＡＣの創立20周年を記念して製作された映画であり、「監督・千葉真一」の第1回作品でもある。私が監督を務めることについては、師と仰ぐ深作欣二監督も大賛成だった。

「千葉ちゃん、そろそろアクション監督を卒業し、全編、自分で演出してもいい頃じゃないか」

「深作監督には、私のバックアップを務めていただけると心強いのですが」

「もちろん、なんでも協力させてもらうよ」

こうして深作監督には映画の企画・監修を担当していただいた。深作監督が監督や脚本以外でスタッフに名を連ねるのは、これが初めてのことである。

実は、最初に私が深作監督に「やってみたい」と提案したのは、間宮林蔵を主人公とした物語だった。

間宮林蔵といえば、江戸開国の約半世紀前に幕命を受けて、北方探検を行った人物である。未開の地であった樺太（サハリン）を探検し、間宮海峡を発見。樺太がオホーツク海の南西部にある島であることを突き止め、世界で初めて詳細な樺太の地図を作製した人物として知られる。

しかし、これを成し遂げるまでは苦難の連続だった。ロシア帝国の攻撃や異民族の襲撃を受け、幾度も死の危機に瀕《ひん》している。

一方で、アイヌ語にも通じていた間宮は、探検に際してはアイヌの人々の協力を仰ぎ、アイヌ人女性との間に子どももうけた。その生涯も人物像も非常に興味深く、冒険とロマンあふれる映画になることは間違いないと私は判断した。

だが、クリアすべき問題があまりに多く、結局、映画化を断念しなければならなかった。

次に上がった企画が人喰い熊と5人の腕利きマタギ衆との壮絶な闘いを描いた映画だった。

大正時代に実際にあった話をベースにしており、舞台となるのは雪深い北海道の大地。これなら、スケール感たっぷりの冒険活劇を作ることが可能だ。そこに若者の成長物語を織り込むこともできる。その映画こそ『リメインズ』だった。

頭領役には菅原文ちゃん以外ない

『リメインズ』は、大正4年（1915年）に北海道苫前郡（現・苫前町）で起きた実話が元になっている。

巨大なヒグマによって死者7人、負傷者3人という大惨事が起きたのだ。

ヒグマはまず民家を襲って2人を殺害し、そのうち1人を連れ去って食い尽くした。さらに今度は、同家の通夜の席を襲った。列席者が大混乱する中、そこを悠然と立ち去ると、その足で500メートル離れた家に侵入。5人を殺害し、3人に重傷を負わせたのである。

1頭の熊が起こした事件としては規模においても残虐性においても、海外でも例を見ないほど大きなものだった。このヒグマは、いわゆる冬眠をしない「穴持たず」の典型。知能は高く、神出鬼没で、腹いっぱいになると、人間が近づくことが困難な険しい雪山に逃げ込んでしまう。

当時、このヒグマを撃つまでに討伐隊員延べ600人、アイヌ犬十数頭が投入され、使われた鉄砲は60挺《ちょう》に及んだ。

私は深作欣二監督にも相談し、この話をマタギ衆と人喰い熊の物語として映画にすることを決めた。

事件があったのも、私たちが映画のロケ地として選定したのも北海道である。しかし、歴史的に見ても、マタギが活躍した集落は東北地方に多い。そこで、映画の舞台はあえて明確には特定せず、ある北国の山村とした。

JAC20周年を記念した映画であるため、キャストにはJACのメンバーを多数、起用した。主人公の青年マタギには私の教え子である真田広之。すでにアクション映画だけでなく、『麻雀放浪記』、『怪盗ルビイ』（88年）などに出演し、数々の映画賞を受賞。演技力が評価されるようになった頃だ。

他のマタギ衆には黒崎輝、真矢武、栗原敏と、JACで育ったメンバー。そして、ヒグマに両親を惨殺され、復讐を誓った少女マタギにはJACの新人、村松美香を大抜擢した。

頭を悩ましたのはマタギ衆の頭領である。経験豊富で冷静沈着、若いマタギたちに的確な指示を下す重要な役である。

当初は私自身が演じることを考えていた。しかし、人生初の監督という大役を全うするには、役者を兼任するのは無理だ。さあ、誰にしようか。頭を巡らしたときに、一人の俳優の顔がまぶたに浮かんだ。

「そうだ！　文ちゃんがいる。いや、文ちゃん以外にいない」

幸い、文ちゃん（菅原文太）は宮城県仙台市の出身である。北国のマタギを演じるうえで、方言も、ごく自然に話せる。何より、あの無骨で、男臭い魅力はマタギのリーダー役にピッタリだ。

文ちゃんも私も東映の東京撮影所の出身だから、つきあいは、けっこう長い。年は文ちゃんのほうが6つ上だ。しかし、東映では私のほうが先輩だった。

文ちゃんは苦労人でもある。早稲田大学に在学中は肉体労働やバーテンダーなど、さまざまなアルバイトをしたようだし、授業料滞納で中退してからは雑誌のモデルもやった。その後、新東宝と契約し、吉田輝雄さんら長身俳優4人で「ハンサム・タワー」の名で売り出された。しかし、新東宝が倒産すると松竹に移籍した。

だが、松竹の水に合わなかったのだろうか。数年後に東映にやって来た。もちろん、当初は主演ではない。移籍第1作は高倉健さんの人気シリーズ『網走番外地　吹雪の斗争』（67年）だった。ここから、着実に東映における地位を築いていったのである。

私にとって深作監督との出会いが映画人生を変えたように、文ちゃんがブレイクしたのも深作監督の映画だった。ご存じ、『仁義なき戦い』シリーズだ。私も第2作の『広島死闘篇』に出演したが、文ちゃんとの絡みはなかった。この作品での文ちゃんの出番は少なく、狂言回しのような役どころだった。

共演作品も必ずしも多くはないが、撮影所で顔を合わせれば、よく映画の話や世間話をした。お互い、東映を辞めてフリーになってからも何度も会った。

当時、文ちゃんの事務所は銀座にあり、近くに行ったときには、ぶらっと立ち寄ることもあった。口数の多い人ではない。会うと、必ず言われたのが、

「メシ行こうよ、メシ」

行くのは決まって、天ぷらの老舗「銀座天一」だった。ここの天丼が文ちゃんは大好物なのである。

『リメインズ』の出演依頼も「天一」で行ったような気がする。

「じゃあ、一度、読ませてもらうよ」

笑顔でシナリオを受け取った文ちゃんから、翌日には電話がかかってきた。

「いいよ。出るよ」

すでに文ちゃんは還暦に近かったが、過酷な撮影にも愚痴ひとつ、こぼさなかった。それでも雪山の頂上付近で撮影するときは、文ちゃんのためにヘリコプターを用意したこともある。

「おっ、ヘリか。こりゃ、楽だな。ありがとうよ」

案の定、方言でも、すっかりお世話になった。たとえば、「（娘に）叱《しか》られちゃったよ」というセリフを、文ちゃんはこう直した。

「〝ごしゃがれちまったよ〟にしよう」

こうした文ちゃんのセリフの一つ一つが、この映画にリアリティを吹き込んだ。

犬や熊にどう演技させるか

動物を主人公にした映画は、洋の東西を問わず多い。日本でも数多くの動物映画が製作されてきた。世代や性別を超えて多くのファンに愛されるという点では、動物ものは映画会社にとって鉄板の企画なのだ。

『リメインズ』でも、動物は重要な役割を担っている。精鋭のマタギ衆が対決する獰猛《どうもう》な熊と、女マタギに寄り添う愛犬だ。

この映画が公開された1990年以前、つまり70年代後半から80年代は、ちょっとした動物映画のブームでもあった。ドキュメンタリー映画の『キタキツネ物語』（78年）や、畑正憲さんが監督・脚本を手がけた『子猫物語』（86年）が興行的に大当たりしたのである。

他にも仲代達矢さん主演の『ハチ公物語』（87年）や、高倉健さん主演の『南極物語』（83年）がある。どちらも大ヒットした。

私は『リメインズ』を単なる動物映画とは思っていないが、それでも、動物をどこまでリアルに描写できるかに頭を悩ませた。

私がまず考えなければならなかったのは、ＪＡＣの新人・村松美香が演じるヒロインのユカと、愛犬・芽留の交流である。

ユカは主人公のマタギ衆の射手である鋭治（真田広之）の幼なじみだ。父母と弟を巨大な人喰い熊に殺され、復讐を誓う。そして熊退治に出るマタギ衆に加えてほしいと懇願するのだが、女は山に入れないという掟《おきて》の前に断られる。すると、彼女は愛犬の芽留とともに姿を消してしまう。

再び鋭治たちの前に姿を現すのは1年後のことだ。このときユカと芽留は、すっかりたくましい女マタギとその相棒に成長している。

つまり、ユキと芽留とは厳しい山で生活してきた仲間なのだ。彼女たちの親密な関係は、撮影期間だけ一緒に過ごせば表現できるというものではない。

そこで、私は村松美香と映画で起用する犬とを、北海道稚内市で一緒に生活させることにした。犬は、もともと私が飼っていた生後3か月のシベリアン・ハスキーである。ここまでしなければ、人間と犬の親密さは描けないと思ったのだ。

『南極物語』は素晴らしい映画である。しかし、健さんと恒ちゃんが南極で犬と再会するシーンは、私には物足りなかった。本当に苦楽を共にした仲なら、犬は、もっと人に甘える。喜び、飛びつき、顔を舐め回すはずである。おそらく、健さんたちと犬が一緒に過ごす時間が十分ではなかったのだろう。

村松美香は芽留と、ただ一緒に生活しただけでなく、自ら調教にあたり、犬ゾリ大会にも出場した。そうやって1年間暮らし、両者の信頼関係が確かなものになるのを待って、撮影に入ったのである。

おかげで、日本映画では珍しいほど主人を慕う犬の表情を画面に表現することができた。映画を観た人たちにも絶賛していただいた。

さて、『リメインズ』の、もう一匹の動物は熊である。

この映画に登場する熊は、体長3メートル、体重400キロ。巨大な体は脂身が厚く、銃弾も通りにくい。しかも頭がよくて狂暴なうえ、女性の肉しか食べない。胸にまだら模様があるため、「赤マダラ」の通称で呼ばれているという設定だ。

映画のイメージに近い熊を洞爺湖の熊牧場で見つけた私は、この熊を自然の中に放して撮影しようと思った。そのために小さな山を高さ5メートルの鉄骨と分厚い鉄板で囲み、砦《とりで》のような場所を作ったのである。

さらに私の発案で、熊ではなく、人間が檻《おり》の中に入って熊を撮ることにした。檻は45口径の銃弾でも貫通しない厚さ20ミリの防弾ガラスを2枚重ねにしたもので、これを数か所に配した。その中に、私やカメラマンなどのスタッフと俳優が入ったのである。

もちろん、安全には万全を期した。万が一の事態を想定し、撮影の立会人としてハンター8人、医師と獣医、さらに熊の生態に詳しい専門家にも撮影クルーに加わってもらった。こうして、ずいぶんものものしい撮影になった。

銃を構えた真田広之越しのショットを撮るために、真田には檻の外に出てもらったこともある。危険を感じたら、すぐにガラスの檻のドアを開けて戻ればいいのだが、なにしろ相手は熊だ。何が起きるか分からない。本人も肝を冷やす撮影だったと思う。

赤マダラの狂暴性を表現するために、撮影前には餌を与えず、空腹にさせた。

しかし、そこまでしても、こちらが望むショットが撮れないことがある。なかなか二本足で立ち上がってくれないのだ。3メートルという熊の巨大な姿は立ったときに一番、分かる。ところが、こちらの希望通りの演技をしてくれない。

さて、どうしたものか。

私の頭にひらめいたのは釣りだった。釣り竿の糸の先に鶏肉をぶら下げ、これで誘ったところ、熊はうなり声を上げながら立ち上がるという、見事な動きをしてくれたのだ。

実は、私は若い頃、釣りにハマった。東映俳優で釣りと言えば、辰ちゃん（梅宮辰夫）や松方弘樹ちゃんが有名だが、始めたのは私のほうが早い。映画に主演するようになって間もない頃、悪役で知られる山本麟一さんと2人で、よく釣りに行ったものだ。そのときの経験が熊の撮影で生きたのである。

映画の撮影には常にアイデアが求められる。そして、そのアイデアは、どこに転がっているか分からない。

深作監督の教えが生きた『リメインズ』

私にとって深作監督は文字通り師匠であり、映画のイロハは深作監督から学んだと言っても過言ではない。

深作映画の真髄に近づこうと、自分が出演していない作品であっても、時間が許す限り、深作監督の撮影現場に出かけて行って、監督の後ろから撮影の様子を見せてもらった。『新仁義なき戦い組長の首』（1975年）の撮影現場に行ったときのことだった。監督に挨拶をすると、いきなり、いつもの大声で言われた。

「おい、千葉ちゃん。今すぐ、バーテンダーの格好をしてきてくれよ」

「えっ、私は、この映画に出演予定はないんですが」

「そんなの、構うもんか。俺のイメージでは、千葉ちゃんのバーテンダーがピッタリなんだ。いいから出ろ」

こうして、私はセリフなしのバーテンダーの役で特別出演することになった。

さあ、これで焦ったのが、もともとバーテンダーを演じる準備をしていた小林稔侍さんである。

「自分の出番はなくなってしまうのか……」

そう思って当然である。しかし、そこは深作監督。臨機応変である。小林稔侍さんを、そのバーにやって来る殺し屋の役で起用したのである。これなら、バーテンダーの役よりいい。彼が喜んだのは言うまでもない。

こういう的確な現場対応ができるところが、優秀な監督なのだと思う。発想が柔軟だから、プランAを変更することになっても、プランBやプランCを即座に用意できるのである。

私は、深作監督がシナリオライターと一緒に脚本を書いている旅館にも押しかけた。もちろん、手ぶらでは行かない。

「監督、そろそろ酒が切れたんじゃないですか。腹も減ったでしょ」

そう言って酒と寿司を持っていくのである。あるいは、おいしいチーズやナッツ類を差し入れるのだ。こうなると深作監督も、すぐに帰れとは言わない。

「おお、いいねぇ。千葉ちゃん、ありがとうよ」

ここから映画談義が始まり、私はいろいろ質問する。さらに、横に座って脚本が練られていく光景を観察するのである。

たとえばシーンとシーンを、どのようにつなぐかで、まったく映画の表情が変わることも深作監督のシナリオ作りから学んだ。

あるいは、人が死んだ悲しい場面だからといって、しんみりしたシーンが続けば、観客の心を打つわけではない。悲しいシーンの後に、あえて、まったく違うシーンを挿入することで、さらに観客を感動させることができるのだ。

こうやって深作監督から教えを乞ううちに、私は自分でも脚本が書けるようになっていた。

私は深作監督にはなんでも相談したし、監督も私の疑問に対し、真摯に答えてくれた。他の監督の作品に出演したときの不満を、こぼしたこともあった。

「あのときの自分の芝居なんですが、もう何秒か先まで使ってくれたら、もっといい作品になったと思うんですけど」

深作監督の答えは明快だった。

「千葉ちゃん、そこなんだよ。どこで切るかが映画監督の感性であり、重要な仕事なんだ。だから、その点について、ああだこうだ言ってもしょうがない。

もし、自分の考えるようにしたければ、自分で映画を撮るしかない。そんなチャンスが巡ってきたら、絵は撮れるだけ撮っておけ。プロデューサーはフィルム代がかさむと文句を言うに決まってるけど、そこは、妥協したら絶対にダメだ。撮っておきさえすれば、後は編集で、どうにでもつなげられるんだから」

『リメインズ』は深作監督の教えを実践する場であり、私の映像センスや感性が問われる経験でもあった。監修に名を連ねてくれた深作監督は、それを温かく見守ってくれた。

忙しい身でありながら、北海道のロケ地へは頻繁に足を運んでくれた。しかも自らキムチ鍋を作って、役者やスタッフに振る舞ってくれたのはうれしかった。

あまりの寒さに、昼食用に用意したおにぎりがガリガリに冷え切ってしまうことはしょっちゅうで、体は震えるし、歯はガチガチ。そんなときに食べるキムチ鍋のうまいこと、うまいこと。体の芯から温まった。

深作監督は大監督だからと、ふんぞり返らず、自ら率先して現場の雰囲気を盛り上げられる方だった。監督としてだけでなく、人としても偉大だった。

「俺のライバルが現れた」と深作監督

かつて日本の映画業界には、こんな通説があった。

「深作監督と仕事するときは、プロデューサーは予算の2割か3割は隠しておいたほうがいい」

要するに、深作監督と仕事するなら、予算オーバーは覚悟しておけということである。日本の映画が斜陽になって以降、こんなことが許されたのは深作監督と黒澤明監督だけだろう。今なら考えられない。

しかも、2人とも予算をオーバーしても、それに見合うだけの素晴らしい作品を作った。だから、巨匠として評価されたのである。

深作監督の映画は完成後、プロデューサーから「長すぎる」「短くしろ」などと言われたことがなかった。一つ一つのカットに無駄がなく、映画全体に抜群のテンポがあるからだ。普通の監督がワンカットですませる場面を、深作監督は何カットにも分けて撮る。これを編集でつないで、スピーディなテンポを作るのだ。

カット数が多いうえ、細かいところにこだわるから、撮り直しも多い。当然、フィルムの量も増える。当時は今のようにデジタルじゃないから、フィルムを使えば使うほど、お金もかかったわけである。

「深作欣二の弟子」を自認する私は、自分で初めて監督をしてみて、深作監督の気持ちがよく分かった。やはり、いいカット、自分が納得できるカットを撮ろうと思うと、妥協は絶対にしたくないのである。

しかも『リメインズ』の撮影は大自然が相手である。こちらの都合で望む景観を見せてくれるわけではない。たとえば、こんなことがあった。

獰猛なヒグマを撮影するために雪山に作った砦も、撮影前にどんどん雪が消えていった。そこで遠くの山から延べ100台以上のダンプカーで雪を運んだのである。ダンプカーの列で国道が一時麻痺《まひ》状態になったこともあった。地元では、とんだ「熊騒動」だと話題になったらしい。必然的に製作費は膨らんだ。

この映画の監修者でもある深作監督からは、さまざまなアドバイスをいただいた。中でも、今も大事にしているのは「毎朝、必ず映画全体の流れを頭に入れろ」という教えだった。

具体的には、こういうことだ。

映画が100のシーンで構成されているとしよう。この100のシーンの絵コンテを物語の順に並べ、自分の部屋に貼っておくのだ。朝、それを必ず見たうえで、今日、これから撮るシーンについて考えなさいということである。ご存じのように、映画は物語の流れに沿って順に撮るわけではない。だからこそ全体の流れを把握し、各シーンの前後のつながりを意識することが重要なのだ。これは監督でなくても、役者としても重要な姿勢である。

こうして、私は初監督作を必死に撮り終えた。どのカットも納得するまで粘り、自分なりに深作監督と同じようなリズムの映像を撮れたという自信もあった。ところが、オールラッシュ（撮影後のフィルムをシナリオ通りに並べた試写）を見た深作監督が、つぶやいた。

「千葉ちゃん、よくできてはいると思うけど、2日分、足りねぇな」

「どこですか」

私が聞くと、深作監督は「ここところは、もっとカットがあったほうがいい」と、一つ一つ具体的に教えてくれた。カット数にすれば30カットほどだろうか。

私はさっそく、再び、そのシーンに必要な役者に招集をかけ、撮影を敢行した。うれしいことに深作監督も、これにつきあってくれた。

その後、新たに撮り足した映像を加え、編集作業が行われたのだが、私は深作監督の慧眼《けいがん》に驚いた。わずか2日間で撮ったカットを足しただけで、映画のテンポが、見違えるように良くなったのである。

私は深作監督に言われた言葉を思い出した。

「映画に撮り過ぎってことはない。あり余るほど撮ればいいいんだよ。おかげで俺は毎日、夜遅くまで撮ることから、深夜作業組なんて言われるけどな。千葉ちゃんも、深夜千葉組を結成したつもりで撮れよ」

それでも関係者を集めて行われる完成試写会で、深作監督が『リメインズ』を、どう評価してくれるか、私は気になってしかたがなかった。とにかく、お世辞を言わない人なのだ。

この映画の前年、私がプロデュースし、新伍ちゃん（山城新伍）が監督した『先生』が製作された。出演者には私や新伍ちゃんの他に辰ちゃんや弘樹ちゃんら、かつての東映スターが顔をそろえた話題作である。

この作品の試写会を観た深作監督は記者に「監督・山城新伍」の評価を聞かれ、こう答えた。

「う〜ん、まだまだだな」

はたして、私の初監督作に対して、どんな評価を下してくれるのか。試写会の後、記者からの同じ質問に、今度はこう答えた。

「いよいよ俺のライバルが現れたよ」

私にとっては、これ以上ない言葉だった。

同じ試写会場にいた文ちゃんも、例の低い声でつぶやいた。

「良かったよ。必ず、もう1本撮りな」

2人の言葉は今も私の宝である。チャンスがあれば、いつでもメガホンを取る覚悟はある。

私は女優には縁がない

日本だろうが、アメリカだろうが、人がまったくいない壮大な自然を前にして思うのは、人間という存在の小ささだ。あるいは、人間も、しょせん動物なのだという実感である。

もし、この大自然の中を一人で生きていかなければならなくなったとしたら、どうするか。私は、自分の中に眠っている野性や本能を目覚めさせるしかないと思う。知識や知恵も重要だが、その前に、まず直感力が問われるはずだ。

ＪＡＣの合宿を毎年、雪山や海で行ってきた意図も、そこにあった。不可能に思えたことを可能にするたくましさや、強い生命力を大自然の中で育みたかったからだ。

『リメインズ』が描きたかったのも、自然である。それも文明によって失われ、破壊されていく自然である。

メインストーリーは「赤マダラ」の異名を持つ狂暴な人喰い熊とマタギの対決である。しかし、その根底に流れるのは、大自然を生きる動物と人間の本来あるべき姿なのだ。

監修を務めていただいた深作欣二監督も、それが分かっているから、私に、こんなアドバイスをくれた。

「千葉ちゃん、熊を美しく撮らないと、この映画は成功しないよ。人を喰う熊ではあるけど、こいつも、かわいそうな犠牲者なんだ。文明化の名の下に俺たち人間が、ここまで追い込んだのは間違いないんだから」

私も深作監督の考えと同様、熊を崇高な存在として描きたかった。その象徴がラストシーンである。熊が息絶え、白い湯気を立てる光景を前にして、主人公の真田広之と村松美香が、こんな言葉を交わす。

「すげえヤツだった。赤マダラの熱い血が雪を湯気に変えたんだべしゃ。昔のマタギは熊の霊が天に戻って行くしるしだと言ったそうだども……」

「赤マダラも神様になっただか……」

かつて、大自然の中で熊も人も共存していたのである。マタギとは自然の摂理に逆らうことなく、掟を守りながら生きてきた人たちだった。それが近代文明の進展とともに、社会の片隅へと追いやられ、やがては必要とされない存在になっていった。

マタギという言葉の由来は諸説あるが、その一つは「またぐ」という言葉から出たという説。つまり、いくつもの山をまたいで歩き、鉄砲で狩りをするから「マタギ」なのである。

山に入ると、彼らだけに通用するマタギ言葉で会話しなければならない。他にも女人禁制、酒、煙草もご法度。色っぽい話もしてはいけないなど、さまざまなタブーがある。これは自然崇拝の一種で、山と親密な暮らしをするマタギが圧倒的な自然環境を前に、それを畏れ敬う感情などから発展したものだろう。

熊に対しても同様だ。山は山の神様が支配するところで、熊は山の神様からの贈り物だと考える。

熊狩りは春、穴を出てきた熊を5人から7人ほどの一団で包囲し、尾根へ尾根へと登る熊の習性と山の複雑な地形を利用し、頭領の指揮の下、全員で掛け声をかけながら徐々に追い込んでいく。そして、射手が待ち伏せる場所へ誘導し、射殺するのだ。

こうした熊狩りの手法は、『リメインズ』でも描かれている。しかし、頭のいい赤マダラには、これが通用しない。そこで、文ちゃん演じる頭領は集団で挑むのではなく、マタギがそれぞれ、ここぞという場所で待ち伏せ、1対1の勝負を仕掛けるのだ。

しかし、赤マダラが好むのは女性の肉である。その性癖ゆえに、真田広之と村松美香がいる小屋を襲うのである。赤マダラと2人が闘う場面は、この映画のクライマックスでもあり、深作監督にもサポートしていただいた。おかげで迫力満点のアクションシーンが撮れたと自負している。

主人公の真田広之をしのぐ素晴らしい演技を見せてくれたのが、私の秘蔵っ子でもある村松美香だった。

この映画のために18歳のときに北海道で1年間、犬と寝食を共にし、厳寒の中での撮影に入ってからも歯を食いしばって頑張ってくれた。

雪山でのアクションシーンもあれば、熊との格闘シーンもある。生傷は絶えなかったし、私が何度NGを出しても、泣き顔を見せるどころか、愚痴ひとつこぼさなかった。

その役者根性は掛け値なしに評価に値する。映画をご覧になっていただければ分かると思うが、物語の進行とともに彼女の表情がたくましさを増し、生き生きしてくる。この映画を一人の少女の成長物語でもあると考えていた私の意図を、見事に体現してくれた。

公開後は彼女を称賛する声も多く、翌年の日本アカデミー賞の新人俳優賞を受賞している。

私は彼女の将来を大いに期待したのだが、結局、結婚して女優を辞めた。

今年の正月、久々に彼女から電話があった。

「どうだ、元気か」

「はい。元気にやっています」

「子どもは何人いるんだっけ？」

「２人です」

「幸せそうだな」

「はい、とても幸せです」

早いもので『リメインズ』の公開から31年になる。志穂美悦子といい、ＪＡＣで育った女優はなぜか、仕事より家庭を選ぶようだ。残念だが、これぱっかりは、しかたない。私は女優には縁がないらしい。

天才クエンティン・タランティーノ

今や、すっかり巨匠となった映画監督クエンティン・タランティーノが初めて私のところに連絡してきたのは、かれこれ30年近く前のことである。

クエンティンが初監督作『レザボア・ドッグス』の日本公開を前に来日した年だから、１９９３年か。

この年、彼は「ゆうばり国際ファンタスティック映画祭」に招かれたのだが、来日の目的はもう一つあった。それは憧れの深作欣二監督に会うことである。本人が公言しているようにクエンティンの映画における深作作品の影響は絶大で、日本に行ったら、真っ先に深作監督に会うつもりでいたらしい。

念願かなって会った深作監督とは意気投合。大いに盛り上がり、私のことも話題になったようだ。『仁義なき戦い』、『柳生一族の陰謀』、『魔界転生』など深作映画の常連俳優である私のことも、クエンティンはずっと気にしていたらしい。

「ぜひともサニー千葉に会ってみたい」

「彼なら、もうアメリカを拠点に活動しているよ」

その日の夜、つまり、ロサンゼルスにいる私にとっては早朝、深作監督から電話がかかってきた。

「千葉ちゃん、今日、クエンティン・タランティーノっていう面白い男に会ったぜ。知ってる？」

「クエンティン……。ちょっと分かりません。誰でしょうか」

「アメリカの若い映画監督だよ。なんでも『レザボア・ドッグス』っていうギャング作品を撮って世界的に注目されるらしいぜ」

「その映画だったら、知っています。話題の映画なんで、私も観ました」

「だったら、話は早い。彼に千葉ちゃんの連絡先を教えといたから。アメリカに戻りしだい、連絡するつもりらしいから、一度会ってやってくれよ」

そんな経緯があって、クエンティンとは親交を深めることになったのである。もともと『レザボア・ドッグス』は、私も掛け値なしに大好きな映画だった。

ご存じの方も多いだろうが、大がかりな宝石強盗を企て、失敗した犯罪のプロ8人の話である。お互い本名を明かさず、色名で呼び合うほど秘密を貫いたにもかかわらず、内部の話は警察に筒抜け。やがて、8人の中に刑事がいることがバレていくのだが、刑事に救われた一人のギャングが彼をかばうのだ。そして、死ぬまで口を割らない。

2人が固い友情で結ばれた姿を見て、これは東映がヤクザ映画で描いてきた「仁義」にも通じる話だなと思った。そのあたりを理解しているところが、深作作品をはじめ日本映画をさんざん見ているクエンティンらしいところだった。

しかも、この映画、製作費は1億円もかかっていない。肝心の宝石店襲撃のシーンを大胆に割愛して、その前後の会話劇で構成した密室劇にしている。予算はなくても、映画はアイデアとシナリオで、いくらでも面白くなることを証明したような作品である。

クエンティンと最初に会ったのはロサンゼルスの寿司屋だった。映画監督というより、映画青年といった雰囲気で、少し緊張した様子だった。

「はじめまして。憧れの深作欣二監督に紹介していただきました。実は、あなたが出演した映画やテレビドラマについては手に入るものは、ほとんど持っています。『影の軍団』も全シリーズをそろえています」

要するに、深作監督の大ファンであるだけでなく、サニー千葉の熱狂的ファンだったのである。

彼の脚本を映画化したトニー・スコット監督の『トゥルー・ロマンス』では、クリスチャン・スレーター演じる主人公が映画館で『激突！殺人拳』を観て、自分の部屋には『カミカゼ野郎　真昼の決斗』と『東京－ソウル－バンコック　実録麻薬地帯』（73年）のポスターまで貼っている。どれも私の主演作だ。ここまで私の映画を自作に登場させる監督など、世界広しといえどもクエンティンだけだろう。

彼は日本映画が大好き、サムライや時代劇などの日本文化が大好きなうえ、酒も大好きだった。深作監督も相当強いが、クエンティンも負けていない。しかも飲むとハッピーになるタイプだから、実に楽しい。とりわけ映画の話になるとで、止まらなくなる。私の英語力では、ついていくのが大変だった。

クエンティンのことを「映画オタク」と評す人は多い。しかし、単なるオタクではない。映画オタクだから、いい映画を撮れるというほど、この世界は甘くない。彼の場合、映画作りの才能も、映画への愛も並外れているのだ。

たとえば、『レザボア・ドッグス』の次の監督作、カンヌ映画祭のパルム・ドール賞を受賞した傑作『パルプ・フィクション』のシナリオが、ゆうばり映画祭の開催中、宿泊中のホテルで書かれたのは有名な話である。クエンティン・タランティーノとは24時間、映画のことを考えている男なのだ。

映画を愛し、映画作りに全力投球する姿勢では私も負けていないつもりだが、クエンティンは狂気さえ感じられるレベルにいる。まさに奇才であり、天才。そんなクエンティンと深作監督がタッグを組む夢のような企画があった。

「世界のキンジ・フカサクになってください」

私がハリウッドで勝負しようとロサンゼルスに移住して、私なりに考えたことがあった。

「できることなら、日本人監督と組んでアメリカで映画を作ってみたい。じゃあ、今の日本の映画界で、ハリウッドで通用する映画監督は誰だろうか」

私の頭に真っ先に浮かんだのは、もちろん、深作欣二監督だった。深作監督なら、間違いなくハリウッドでも成功すると思ったのだ。事実、深作監督の『仁義なき戦い』シリーズは海外でも高い評価を得ていたし、たとえば『蒲田行進曲』のようなテンポ抜群の娯楽映画を撮れる監督はアメリカにも、そうそういない。

折しも『男たちの挽歌』（1986年）の香港の監督ジョン・ウーがハリウッドに進出していた

頃で、私は深作監督なら間違いなくアメリカでもやっていけると確信していた。だから、仕事で日本に一時帰国した際、一献傾けながら深作監督を口説いたことがあった。

「クエンティン・タランティーノをはじめ、深作監督の映画に影響を受けた監督は世界中に大勢います。そろそろ日本を飛び出して、アメリカでも撮ってくださいよ。世界のキンジ・フカサクになってください」

しかし、深作監督は首を縦に振らなかった。

「確かに、やってみたい気持ちはある。でもな、千葉ちゃん。監督として大事なのは役者やスタッフとのコミュニケーションだと、俺は思うんだ。やっぱり、言葉が通じないのは大きなハンデになるよ。伝わらないことが少しでもあったら、そこに小さなミスが生じる。それじゃあ、俺は納得できないんだよ」

映画に関しては完全主義を貫く深作監督の気持ちは私も十分、理解できた。

それ以来、アメリカ進出の話を持ちかけなかったのだが、チャンスは向こうからやってきた。

長男の（新田）真剣佑がまだ3歳か4歳の頃だっただろうか。ロサンゼルスの映画館が深作欣二特集を組んで上映していたため、監督と息子の健太が私の家に遊びに来てくれたのだ。ちょうど私の誕生日の日でもあり、3人でワイワイ飲んでいると、ドアチャイムが鳴った。夜12時頃だったはずである。

誰だろうと思って、玄関のドアを開けると、そこに立っていたのはクエンティンだった。教えたわけでもないのに、なぜか私の自宅を知っていたのである。すでに人気監督となり、ハリウッドで着々と地位を築いていたクエンティンのことだ。映画関係者から聞いたのだろう。

「ハッピー・バースデー！　サニー千葉さん！」

私が居間に招き入れると、プレゼントだと言ってワインを1本、差し出した。このとき、大きな声でクエンティンをからかったのが深作監督だった。

「おい、クエンティン、サニーの誕生日だというのにワインがたった1本か。ちょっと寂しいなあ」

「実は、サニーには、もっと大きなプレゼントを用意しました。ぼくの次の映画に出てほしい」

私が「クエンティン、ありがとう。喜んで出させてもらいます」と申し出を快諾すると、深作監督が、うれしそうに言葉を継いだ。

「よし、決まりだな。俺が今の話の証人だから。クエンティン、ウソをついちゃだめだぞ」

この日、クエンティンが明かしてくれた次回作とは彼の4本目の監督作『キル・ビル』だった。

もちろん、このあとは大宴会となったわけだが、もう一つの映画の企画が実現に向けて動き出した。

それが、深作監督とクエンティンによる日米合作映画だったのである。

主要キャストは、私が演じる日本の男とアメリカ人男性、さらに女性が一人。映画『冒険者たち』(67年)にも似たキャラクター設定で、日本とアメリカを舞台とした作品だった。そして、日本でのパートを深作監督が、アメリカのパートをクエンティンが演出することになったのである。

左から深作欣二、千葉真一、深作健太、クエンティン・タランティーノ

これなら、アメリカ進出に躊躇していた深作監督も問題ない。それどころか、大いに乗り気だった。

話はトントン拍子で進み、1週間ほど深作監督とクエンティンと私が3人でホテルに泊まり込んで話し合いまでした。そして、クエンティン本人によってシナリオの第一稿が出来上がる段階まで行ったのである。ところが、これを読んだ深作監督が納得しなかった。

そのうちに、深作監督は『バトル・ロワイヤル』（2001年）の撮影が始まってしまった。しかも、これが公開されるや、大ヒット。海外でも高い評価を得たのである。続編『バトル・ロワイヤルII 鎮魂歌《レクイエム》』（03年）が作られることも早々に決定した。

しかし、このとき、深作監督の前立腺がんは深刻な状態にあった。がん細胞はすでに脊椎に転移しており、監督はあえて、それを公表したうえで撮影に臨んだ。そして撮影中に体調を悪化させて入院。そのまま帰らぬ人となったのである。

日米合作の新作は、そのまま立ち消えとなった。クエンティンは「深作監督とでなければ、私が考える映画はできない」と悔しがった。私も、まったく同感だ。キンジ・フカサクに代わる映画監督など、この世にはいない。

映画に国境はない

１９３０年生まれの深作欣二監督と63年生まれのクエンティン・タランティーノ監督。２人の年齢は親子ほども離れている。世代は異なるし、育った環境もまるで違う。

深作監督は大学卒業後、東映東京撮影所に入社し、助監督として下積みを経て監督となった。つまり、日本映画の全盛期に映画撮影所で育った叩き上げの監督である。世代的には戦中・戦後に青春期を過ごした焼け跡・闇市派と言っていい。だから、物語の根底には敗戦の虚無感のようなものが流れている秀作が多い。

一方、クエンティンは日本流に言えば、戦争を知らない世代である。高校を中退した後は劇団に入って演技を学びながら、ロサンゼルスのビデオ店で働き、ここで膨大な量の映画に接した。本人の話では、この時期の経験が後の監督人生の助走期間となったらしい。つまり、映画を映画館だけでなく、自宅のビデオでも楽しむことができるようになった世代なのだ。

かたや撮影所育ちの職人監督。かたや映画オタクである。国籍も異なる。本来なら両者が交わることはないのだが、それを可能にしてしまうのが映画というジャンルの特性だろう。よく言われるように、映画には国境がないのだ。

クエンティンがビデオショップの店員時代に見た映画の中には深作映画も数多くあり、すぐに、その虜《とりこ》になったのである。そして、彼のラブコールによって2人が共同で監督する映画が実現寸前までいった。情熱あふれる映画人同士、意気投合したわけだ。そのあたりの事情は、すでに話した通りだ。

実は、深作監督とクエンティンは似たところが多い。

たとえば、両者にバイオレンス・アクションが多いのは顕著な共通点だろう。深作監督の代表作には『仁義なき戦い』を筆頭に、ヤクザや犯罪者を主人公にした活劇が多い。クエンティンもデビュー作の『レザボア・ドッグス』や、私が出演した『キル・ビル』など、その多くは過激なバイオレンスシーンを交えた犯罪や復讐を描いた映画である。

しかも、2人とも明確な自分のスタイルを持っている。

深作監督がテンポよく畳みかけるように物語を紡いでいくのに対し、クエンティンは時間軸を前後させながら独特の語り口で観客を魅了する。たとえば、『レザボア・ドッグス』は深作監督の『仁義なき戦い』シリーズの影響が濃い作品ではあるが、クエンティンならではの先が読めない、独創的な映画に仕上がっている。

さらに、深作監督もクエンティンも役者の個性や考え方を非常に大事にする。それは、私自身が両者の撮影現場を体験して分かったことでもある。

深作監督は自分のイメージや世界観を持っているにもかかわらず、俳優に自由に芝居させることが多い。それは役者のアイデアや演技プランが面白ければ、それを盗み、映画に生かそうと考えているからだ。

クエンティンも同じように役者に、委ねてしまうようなところがある。自分が監督であると同時に、役者でもあるからだろう。

そんな監督だから役者の気持ちが分かるし、その生かし方も心得ている。

映画監督には役者との距離を置き、自分の指示通りに厳格に役者を動かそうとするタイプも多い。しかし、深作監督やクエンティンは役者と対等な緊張関係の中で、いい映画を作り上げようと粉骨砕身する。

私は今でも深作監督と飲んだ、ある夜の光景を思い出す。撮影が終わり、スタッフと出演者が旅館で飲んでいたときだった。

当時、大ヒットしていた『およげ!たいやきくん』を誰かが歌い始めると、深作監督は、たいやきの格好をして踊り始めたのである。みんな、大笑いだった。

しばらくすると、今度は室田日出男さんに命じた。

「室田、アレを歌え!」

「アレって……?」

「アレだよ、アレ。うさぎ追いし　かの山〜って歌い出しの曲があるじゃないか」

「あ、『故郷《ふるさと》』ですね」

「そうそう。『故郷』を静かに歌ってくれ」

室田さんが低い声で『故郷』を歌い始めると、深作監督は即興で詩を朗読し始めたのだ。それは郷里のお母さんを詠んだ詩だった。

大学入学前に買ってくれた1本の万年筆のこと。東京へと旅立つ際、バス停まで見送りに来て、息子が見えなくなるまで、ずっとバス停にたたずんでいた姿……。私は自分の母親を思い出し、涙がこぼれそうになった。その場にいた全員が同じ気持ちだったはずだ。

深作監督は、そうやって役者やスタッフの心をつかみ、自分の映画作りに巻き込んでいった。だから、深作組の現場は祭りでもするような熱気があった。

やり方は違ったが、クエンティンも彼らしい方法で現場の空気を盛り上げた。『キル・ビル』では、私は殺陣も担当したのだが、体育館でユマ・サーマンやルーシー・リューを指導しているときだった。クエンティンは大きなモニターテレビを持ち込み、そこで私の主演時代劇『影の軍団』を流したのである。みんなを集めて見せながら、

「どうだ。サニーの殺陣はすごいだろ。これがホンモノのアクションだよ」

と語り始めたのだ。

その背中には深作監督にも負けない、映画人としての熱気があふれていた。

『キル・ビル』出演者のプロ根性

『キル・ビル』は、ざっと、こんな物語だ。

かつて女殺し屋として名を馳せたザ・ブライドは殺し屋組織から脱出し、極秘裏に結婚しようとしていた。そのリハーサルの最中に、昔の仲間だった4人の殺し屋に襲撃される。夫や友人は皆殺しにされ、妊娠中だったザ・ブライドも壮絶なリンチの末、意識不明の瀕死《ひんし》の状態となる。だが、ある日突然、4年間の昏睡《こんすい》から目覚め、復讐を誓う。復讐相手の一人、オーレン石井が日本のヤクザの女ボスになっていることを知ると、沖縄に飛び、伝説の刀鍛冶、服部半蔵に会う。半蔵から最強の刀を授かったザ・ブライドは東京に渡り、オーレン石井を追い詰めていく……。

主演はクエンティンの『パルプ・フィクション』でアカデミー助演女優賞にもノミネートされたユマ・サーマン。オーレン石井を演じたのは『チャーリーズ・エンジェル』(2000年)などで知られるルーシー・リューだ。

そして、クエンティンが私のために用意してくれた役が服部半蔵だった。半蔵は、かつて忍びと刀鍛冶をやっていたが、今は沖縄に身を潜めながらマズい寿司屋をやっているという設定で、その側近のシローを、私のJACの弟子でもある大葉健二が演じた。

しかし、正直なところ、服部半蔵の役名に対しては抵抗があった。「さすがに、それはないだろう」と思ったのだ。

クエンティンが、いかにテレビの『服部半蔵　影の軍団』の熱烈なファンとはいえ、あまりに現実離れしている。

「服部半蔵は江戸時代に存在した人物なんだけど、大丈夫なの？」

クエンティンは「まったく問題ありません」と言い切った。

彼によれば『キル・ビル』は自分が思い描くファンタジームービーであり、少年時代から見てきた映画やテレビの記憶で作られた世界なのだ。だから、『キル・ビル』の服部半蔵と『影の軍団』の服部半蔵が同一人物であっても、少しも違和感はないのだという。

であれば、私はクエンティンの世界観の中に身を預けるしかない。荒唐無稽であることも映画の楽しさだ。

確かに日本人が見たら、誰もが、これは変だと思う場面は少なくない。

典型的なのは、ザ・ブライドが日本刀を持ったまま、飛行機に搭乗して東京へ向かうシーンだろう。しかも、客席には日本刀を差すホルダーまでついているし、乗客のほとんどが日本刀を持ち込んでいる。

誰が見ても現実にはありえない設定であるわけだが、これこそがクエンティンの映画世界なのだ。彼は日本を誤解しているわけではなく、すべてを知ったうえで、現実とは接点のない世界を創造しているのだ。

いずれにしても、『キル・ビル』では日本刀による殺陣が鍵を握る。クエンティンのたっての要望で、私は剣術指導でも、この映画に参加することになった。

ただし、この映画は刀を扱う俳優の数が多い。私一人での指導には限界があったため、娘の真瀬樹里にもアシスタントとして参加してもらった。樹里は殺し屋組織の暗殺集団「クレイジー88」のメンバーとして、映画にも出演している。

もともと「クレイジー88」は男の集団の予定だったのだが、クエンティンは「髪の毛の長い女性が一人いたほうが面白いから」と、臨機応変な対応を見せてくれた。樹里にとっては、念願のハリウッド映画初出演を果たしたわけである。

私は主に、ユマ・サーマンとルーシー・リューの殺陣を担当した。

最初の1週間は、彼女たちに刀を触らせなかった。刀とは何か。武士とは何か。そうした精神性を教えるところから始めたのである。もちろん、厳しい稽古も課した。ユマ・サーマンは出産を終えて、まだ3か月しかたっていなかったから、コンディション作りも大変だったと思う。それでも必死に稽古についてきた。

私が「どうして、そんなに頑張るのか」と尋ねると、うれしい言葉が返ってきた。

「誰も盗むことのできない、私のかけがえのない財産になるからです」

さすが、ハリウッドのスターだ。学ぶ姿勢が素晴らしい。その心意気は映画の中に結実している。

ユマは180センチを越える身長があり、しかも手足が長く、腰位置が高い。だから、殺陣がサマになるまでに時間がかかった。

一方、ルーシー・リューは筋が良かった。聞くところでは、フィリピンの伝統武術、エスクリマの心得があるらしい。

クライマックスは、雪が降る庭園でのユマとルーシーの決闘である。このとき、白い着物を着たルーシーが、履き物をスッと脱ぐのだが、これは私が教えたものだ。ひと目で剣を学んだ者であることが分かるシーンになっている。

彼女が右手に刀、左にさやを持ち、両手に高く挙げるのは「揚羽の蝶」と呼ばれる殺陣。萬屋錦之介さんが東映の時代劇で見せた華やかな構えを、ルーシーは見事に自分のものにしてくれた。

一見、荒唐無稽な『キル・ビル』だが、日本映画で培われてきた時代劇の文化が随所に息づいている。

クエンティンの日本映画への思い

『キル・ビル』は、深作欣二監督に捧《ささ》げられた映画でもある。

『キル・ビル』の撮影が終了したのは2002年の夏。この後の編集作業などを経て、映画は03年の秋に全世界で公開されたわけだが、深作監督は、この年の1月に他界した。

前立腺がんの脊髄への転移を公表したうえで『バトル・ロワイヤルⅡ鎮魂歌』のメガホンを取ったのだが、撮影中に倒れ、そのまま帰らぬ人となった。ロサンゼルスにいた私は急ぎ帰国し、告別式で弔辞を読んだことを、つい昨日のことのように鮮明に覚えている。

クエンティンにとっても深作監督は、まさに憧れの人だった。すでに話した通り、共同で映画を撮る話もあったくらいで、深作監督の死は相当ショックだったらしい。

だから、『キル・ビル』のオープニングには追悼のテロップが流れる。

「この映画を偉大なる監督、深作欣二に捧ぐ」

私でなくとも、日本人の映画ファンだったら、胸にグッとくる幕開けだ。

劇中にも深作監督へのオマージュとも言えるシーンが随所にある。一番分かりやすいのが、深作監督にとって実質的な遺作となった『バトル・ロワイヤル』(前述の『バトル・ロワイヤルII』は1シーンしか撮れず、息子の深作健太が後を引き継ぎ完成させた)だろう。

クエンティンは、この作品が01年にハリウッド・シネマテークなどで巡回上映された際に観て、いたく感銘したようだ。

「キンジ・フカサクの最高傑作だ」

とまで評価している。

そして、これに出演していた栗山千明を『キル・ビル』にも大抜擢したのだ。その名も「GOGO夕張」。なんでも自分が参加したことのある日本の夕張映画祭と、大好きな日本のアニメ『マッハGoGoGo』を、くっつけたらしい。

GOGO夕張はヒロインのザ・ブライド(ユマ・サーマン)の復讐相手、オーレン石井(ルーシー・リュー）の頼れる用心棒で、鎖のついた鉄球を自在に操ることができる。ザ・ブライドとGOGO夕張が対決するアクションシーンは『キル・ビル』の大きな見どころとなっている。

余談だが、このとき、ザ・ブライドは天井に張りついてみせる。これは『直撃！地獄拳』で、私が演じた甲賀忍者の末裔《まつえい》でもある主人公が劇中で披露した技を引用している。私の空手映画を全作観ているクエンティンらしい演出だ。

音楽にも深作色は出ている。深作監督の作品ではないが、深作監督の代表作『仁義なき戦い』のリメイクである『新・仁義なき戦い』（00年／阪本順治監督）のテーマ曲『バトル・ウィズアウト・オナー・オア・ヒューマニティー』が、劇中で使われているのだ。

当初、曲を提供したギタリストの布袋寅泰さんは『キル・ビル』用の新曲を書き下ろしたい旨を伝えたらしいが、クエンティンは、この曲にこだわった。そこにクエンティンの『仁義なき戦い』への熱い思いが感じられる。

同時に、彼の慧眼を思う。この曲はさまざまな場面で使われ、数年前にはアメリカのプロフットボールNFLの優勝決定戦「スーパーボウル」でも流れた。今や映画ファンでなくとも、アメリカ人にはおなじみのメロディなのである。

『キル・ビル』には深作作品以外にも、クエンティンが観てきた日本映画の断片が、ちりばめられている。

ザ・ブライドと対決するオーレン石井の白い着物と雪が積もった日本庭園は、梶芽衣子さん主演の『修羅雪姫』（1973年）そのままだし、ご丁寧に梶さんが歌う主題歌まで使っている。ザ・ブライドが敵を皆殺しにする派手なシーンの原点は、若山富三郎さん主演の『子連れ狼　三途の川の乳母車』のようだ。

他にも数多くの日本映画の引用があるから、それを探すのも映画ファンの楽しみだ。

また、クエンティンがずっと憧れていたカンフースターがサニー千葉、つまり私と、『少林寺三十六房』（78年）のリュー・チャーフィと、テレビドラマ『燃えよ!カンフー』（72〜75年）のデビッド・キャラダイン。その3人が出演したことも話題となった。

ただ、非常に残念なこともある。クエンティンはクライマックスのアクションシーンを日本の撮影所で撮りたかったのだが、それがかなわなかった。理由は単純だ。日本の映画会社が提示した使用料が高かったからである。結局、格安な中国の北京の撮影所が使われた。

こうしたスケジュール調整の余波もあって、私がザ・ブライドに剣術を指南するシーンの撮影はなくなってしまった。

『キル・ビル』は日本だけでなく、全世界で公開される映画である。私は日本の映画の魅力と底力を世界に発信する意味でも、極端なことを言わせていただくなら、無償で撮影所を提供してもよかったのではないか、それが映画人の心意気ではなかったかと思う。

現在、日本の映画は中国や韓国にも大きく水をあけられている。今後、どのようにして日本の映画を世界に発信していくかは大きな課題である。

第5章

息子たちに託した夢

~ハリウッドで武士道の映画をつくる

勝負する場所はここしかない

人生には流れのようなものがある。停滞し、よどんでいるときもあるが、ひとたび事態が変化するときは、まるで大きな流れに押し出されるように、一気に動き始める。流れに乗るか、それとも岸から流れを眺め、現状維持の道を選ぶか。流れに乗るほうに賭けるのが私の流儀である。

１９９０年代の私がまさに、そうだった。

初監督作『リメインズ　美しき勇者たち』が公開されたのが１９９０年。その翌年にハリウッドから私の事務所に連絡が入った。

「ある航空アクション映画の企画があるのですが、そこに非常に重要な日本人の役があります。よかったら、オーディションを受けてみませんか」

映画の製作を手掛けるのはカロルコ・ピクチャーズ。すでに倒産してしまったが、『ランボー』（82年）や『トータル・リコール』（90年）、『ターミネーター2』（91年）、『氷の微笑』（92年）といった超大作や話題作で成功を収めたアメリカの独立系映画製作会社である。

念願の監督業を経験した私にとって、次なる目標はハリウッドで勝負することだった。このチャンスを逃す手はない。その場でオーディションを受けることを決断した。

89年には日本を舞台にしたリドリー・スコット監督の『ブラック・レイン』が公開され、高倉健さん、松田優作さん、若山富三郎さんら、日本人俳優の演技も話題になっていた。ハリウッドが日本人俳優にも門戸を開きつつある時代だった。

私が現地に行ってオーディションを受けた映画は『アイアン・イーグル』シリーズの第3作『エイセス　大空の誓い』（92年）だ。第二次世界大戦で敵味方の関係にあったアメリカ、イギリス、日本、ドイツのエースパイロット4人が協力して、南米の麻薬組織に立ち向かうというのが物語の骨子である。もちろん、私がオーディションを受けたのは日本人パイロットの役だ。

私自身、この役は自分にピッタリだと思った。というのも私の父は陸軍飛行隊に所属する軍人で、飛行機乗りをしていたのだ。私自身、幼少期に父の乗る飛行機に乗せてもらったこともある。おそらく規則違反だったのだろうが、私にはかけがえのない思い出だ。飛行服姿の父の勇姿は今も、はっきり覚えている。

オーディションで、その話をすると、プロデューサーの表情が緩んだ。

「そうですか。まるで、あなたのために用意したような役ですね」

他にも日本の有名俳優がオーディションを受けていたが、日本人パイロットの役は、すんなり私に決まった。もともと私が第一候補だったらしい。私が1970年代に主演した一連の空手映画は全米でヒットしていたし、テレビドラマ『服部半蔵　影の軍団』シリーズもロサンゼルスで放映された。要するに「サニー千葉」の名前は私が思う以上に、ハリウッドの映画関係者の間に浸透していたらしい。

現地で行われた撮影は、すこぶる楽しかった。

監督はジョン・グレン。『007』シリーズ（67年～）で有名だ。ロジャー・ムーア（『007ユア・アイズ・オンリー』他）や、ティモシー・ダルトン（『007リビング・デイライツ』他）がジェームズ・ボンドを演じた頃の作品（81～89年）を監督している。

主人公のアメリカ人パイロット役にはルイス・ゴセット・ジュニア。『愛と青春の旅立ち』（82年）でアカデミー賞助演男優賞に輝いた名優だ。他に、イギリス人パイロットはポール・フリーマン（『レイダース／失われたアーク《聖櫃》』81年他）、ドイツ人パイロットはホルスト・ブッフホルツ（『荒野の七人』60年他）。派手さはないが、確かな演技力を持つ俳優たちと共演できたわけで、私には貴重な経験だった。

現場を共にして分かったのは、彼らの俳優という職業に対するプライドだ。スタッフも関係者も、彼らを心からリスペクトしている。私は改めて思った。

「やはり、アメリカは映画の国だ。自分が勝負する場所は、ここしかない」

振り返れば、私が初めてハリウッドで勝負することを考え始めたのは『激突！殺人拳』がアメリカで大ヒットした頃だから、20年以上の歳月が流れていた。このとき、当時の岡田茂東映社長に「まだ、その時期ではない」と反対され、断念したのは苦い思い出である。今度はもう、後戻りするつもりはない。すでに50歳を過ぎていたが、私は遅いとは思わなかった。

帰国後、私は尊敬する高倉健さんと深作欣二監督に相談した。すでに書いたが、健さんは英語が堪能なこともあり、『ザ・ヤクザ』をはじめとするアメリカ映画に早い時期から出演していた。

「千葉、絶対に行ったほうがいい。必ず得るものがあるから」

深作監督も「思い切り勝負してこい」と、強く背中を押してくれた。

私の覚悟は決まった。しかし、当時の妻、野際陽子は私とは考えが違った。娘（真瀬樹里）は、すでに19歳になっていたが、彼女は家族でアメリカに移住することに対し、とうとう首を縦に振らなかった。

「私には無理です」

だとすれば、結論は一つしかない。

渡米を前に、夫婦から友達の関係に

私と（野際）陽子は話し合いの末、22年間に及んだ結婚生活にピリオドを打った。1994年2月のことである。

家族で一緒にアメリカに行きたい私に対し、陽子の考えはこうだ。

「アメリカでは主婦としてなら、やっていけるかもしれません。でも、女優を続けることは、まず無理。あなたが俳優としてハリウッド映画に出て勝負したいように、私も日本で女優の道を続けていきたい」

陽子も俳優という仕事の面白さ、奥の深さが、ちょうど分かってきた頃だった。2年前の92年にはドラマ『ずっとあなたが好きだった』（ＴＢＳ系）で佐野史郎さんが演じた「冬彦さん」を溺愛する母親を演じ、日本中の話題を集めていた。年齢的にも50代半ばとなり、女優として円熟期を迎えていた。

私も陽子の気持ちは痛いほど理解できた。であれば、お互い自分の夢を追うしかない。つまり、夫婦ではなくなるが、友達同士の関係になるわけだ。憎しみも恨みも一切ない。だから、財産分与も慰謝料もなかった。私としては「一時的に別れるだけさ」という程度の気分だった。

離婚記者会見も暗い雰囲気がまるでないから、逆に驚いた人も多かったようだ。けっして後ろ向きの離婚ではなかったし、お互いの新たな門出を祝うような気分だった。なにしろ私は会見中、ずっと陽子の手を握っていたのだから。

陽子との出会いは、68年から始まったテレビドラマ『キイハンター』である。実は、第一印象は最悪だった。

撮影前にスタッフから紹介された彼女は、小声でポツンとあいさつした。

「野際です」

私は、それまで一面識もなく、彼女が女優ということさえ知らなかった。なんだか感じの良くない女性だなと思っていると、ボスを演じる丹波哲郎さんが例の明るい調子で声をかけた。

「おう、野際君か。よろしく頼むよ」

「はい。よろしくお願いします」

それでも、私には目も合わせようとしない。よそよそしいというか、ちょっとお高く止まっている感じは、私の嫌いなタイプの女性と言ってよかった。

それも、そのはずである。立教大学時代に「ミス立教」に選ばれ、卒業後はＮＨＫにアナウンサーとして入局。退社後はフリーに転身し、フランスにも留学した。帰国時にはミニスカートでタラップを降りてきて注目を集めた。なんでも、彼女が日本人のミニスカート着用第1号らしい。

いずれにしても、私とは正反対だ。こっちは、お金を稼ぐためにニューフェイス試験を受けて、なんとか合格し、必死に役者稼業を続けてきた。ところが、彼女は世に言うところの典型的な才女であり、「お嬢様女優」である。はっきり言って、私とは水と油だ。

ところが、『キイハンター』の撮影が始まると、印象は一変した。とにかく役者としての勘がいい。ちょっとした動きにセンスがあるし、話し方も洗練されている。しかも、アドリブにも臨機応変に対応した。

たとえば、危険に遭遇し、怖がる彼女に「大丈夫だ。行こう」と私が声をかけるシーンも、陽子と私が演じると、こうなる。

「大丈夫かしら」

「さあ、お嬢さん、お手をどうぞ」

するると、彼女は

「じゃあ、お願いするわ」

と、まるで貴族のような雰囲気で、上品に手を差し出すのである。こうした粋なやりとりは『キイハンター』のウリにもなった。アクションの醍醐味に加え、フランス映画を思わせるエスプリやユーモアが織り込まれたのである。視聴率がどんどん上昇し、長寿番組となったのも当然だった。

プライベートでも楽しい女性だった。

とにかく酒が強い。一人でワイン1本空けるくらいは当たり前だったし、私の2倍、3倍飲んでも酔わなかった。一緒に飲んで、こっちがベロベロに酔っ払ってしまうと、

「あなたはあまりお酒が強くないんだから、量とペースを考えながら飲まないとダメよ」

と、彼女にたしなめられたものだ。

彼女の酒は実に陽気である。平気で下ネタを口にするのだが、いやらしさを感じさせないし、愚痴を言ったり、人の悪口を言ったりすることもない。取り乱して人に迷惑をかけることもないのだから、酒豪としての格は高い。

私が深夜、新宿で飲んでいることを知ると、タクシーを飛ばしてやって来て、朝まで一緒に飲み明かすこともあった。つまり、それくらい一緒にいて飽きないのである。

しかし、私自身は結婚を、それほど意識していなかった。積極的だったのは彼女のほうだ。飲んでいても、いつの間にか私の手を触っている。理由を聞くと、

「だって、あなたがカッコいいんだもん」

そんな調子で、私のほうが終始、押されっ放しだったが、結婚は自然な流れだったし、私は最良

の伴侶に出会えたと思った。

それにしても、第一印象というのは当てにならない。

「離婚」ではなく、「完婚」

1973年5月7日、私と陽子はギリシャのエーゲ海で、2人だけの船上挙式をした。

当時は2人とも仕事で忙しく、できることなら日本の喧騒《けんそう》を逃れ、外国で結婚式をしたいと思ったのだ。

エーゲ海を選んだのは、2人とも一度は行ってみたかったから。芸術家の池田満寿男さんが『エーゲ海に捧ぐ』で芥川賞を受賞したり、ジュディ・オングさんがエーゲ海を題材にした歌謡曲『魅せられて』を歌ったりした、何年も前のことである。おそらく、私たちがエーゲ海で船上挙式をした最初の芸能人カップルだったと思う。

結婚後の新居は文京区の川口アパートメントだった。小説家の川口松太郎さんが建てたマンションである。『キイハンター』で共演した川口浩さんは川口松太郎さんの息子であり、その縁で私たちは、ここに入居した。私たち以外にも多くの芸能人が住んでいた。

陽子との生活は新鮮で、充実していた。今振り返っても楽しかった思い出しかない。夫婦喧嘩をしたこともなかった。

私がスキーを覚えたのは陽子の影響である。つきあい始めて間もなく奥志賀に行ったのだが、彼女の滑る姿の美しさといったら、なかった。どうやらフランス仕込みらしく、ゲレンデを颯爽《さっそう》と滑って行く。ところが、こっちはスキーなんてしゃれたスポーツは、それまで一度もやった経験がない。しかし、スポーツ万能を自負する千葉真一としては彼女に勝てない現実を受け入れられない。持ち前の負けず嫌いがムクムクと頭をもたげ、必死でスキーをマスターした。気がつけば、いつの間にか彼女のレベルを超えていたが、その頃にはスキーというスポーツの面白さに、すっかり取り憑《つ》かれていた。とにかく滑ることが楽しくてしょうがないのだ。

結婚して1年後にはテレビのドキュメンタリー番組『千葉真一 4000メートルのマンモスマウンテンを滑る』（東京12チャンネル／現・テレビ東京系）にも出演した。撮影中、もう少しで山から落ちそうになったのは自分の腕を過信してしまったからだった。

待望の娘（真瀬樹里）が生まれたのは結婚3年目のことである。「樹里」と名づけたのはその頃からアメリカに進出し、いつか必ずハリウッド映画に出てやるんだという気持ちがあったからに他ならない。「ジュリ」なら一緒に向こうに行っても、アメリカ人も呼びやすい。

しかし、樹里を女優にしようという気持ちはなかった。彼女が自分の意思で演技の道を選んだのだ。映画『キル・ビル』やNHKの大河ドラマ『風林火山』で共演できたのは素晴らしい思い出だ。彼女の殺陣は親の欲目なしに超一流である。

私は家を留守にすることが多かったから、子育てや家事を頑張ってくれたのは、もっぱら陽子だった。

私が後輩の俳優やＪＡＣのメンバーを連れて来たときなども、手際よく料理を作ってくれた。陽子の十八番はスパゲティである。

トマトソース、バジルソース、クリームソース、チーズソース、タラコを使った和風ソースなど何種類ものソースを作り、みんなが好き好きのソースをスパゲティにかけて食べるのだが、これがどれも絶品だった。陽子自身は私たちがバクバク食べるのを見ながら、にこやかにワインを飲んでいたものだ。

２人で出演した「ハウスジャワカレー」のＣＭも懐かしい。評判が良かったらしく、ずいぶん長い間、出させてもらった。ハワイで撮影するときは樹里も一緒だったから、ちょっとした家族旅行の気分だった。

ただ、陽子には苦労をさせてしまったという気持ちもある。とりわけ結婚して10年が過ぎようとしていた頃、私が飲食店事業でつまずき、多額の借金を抱えたときだ。お互い仕事の選り好みをせずに、なんでもやった。私の稼ぎは借金返済に回し、陽子の収入で家計を支えたこともあった。

こうした苦労を共にしたことで、夫婦の絆はさらに強まった。そして、ともに50代となり、目の前には別々の道が開けた。だから、夫婦という関係を解消し、友達同士の関係へと戻ったのである。

陽子は親しい友人に、こんな説明をしていたようだ。

「私たちの結婚生活は完成したの。つまり、離婚ではなくて、完婚。だから、すっきり別れられたのよ」

いかにも陽子らしい、知的な発想である。

彼女の、その後のテレビでの活躍を見て、私は別れて正解だったことを痛感させられた。私自身は家庭に入ることを強制したわけではないが、妻としての責任を果たそうと頑張っていたのは明らかだった。

私と別れ、野際陽子は芸能界で自由溌剌《はつらつ》と生き始めたのである。悪女っぽい役もこなしたし、『浅見光彦シリーズ』などでは穏やかな母親を好演した。演じる幅も広いから、テレビドラマでは引っ張りだこ。チャンネルをひねると、決まって、どこかの局で陽子の顔を見かけるほどだった。

遺作は倉本聰さんが脚本を書いた『やすらぎの郷』（テレビ朝日系・17年）。老人ホームで起きた出来事を元に小説を書いている元女優という役で、闘病中の身でありながら、ギリギリまで出演を続けた。女優として本望だったと思う。見事な役者魂を見せてくれた。

甘くはなかったハリウッド挑戦

最初の妻・野際陽子と別れ、単身アメリカに渡ってから私が歩んだ道は、けっして平坦《へいたん》ではなかった。

「サニー千葉」の名前はハリウッドでも、それなりに浸透していたが、だからといって、すぐに仕事のオファーが舞い込んでくるわけではない。

「サニー千葉」の名づけ親でもあり、映画『激突！殺人拳』を買いつけ、全米に配給してくれたニューライン・シネマのロバート・シェイ社長のところにあいさつに行くと、いきなり、こんなことを聞かれた。

「サニーは出稼ぎでアメリカにやって来たのか」

「そんな、いい加減な覚悟でハリウッドに来たんじゃありません。私はハリウッドの映画作りの姿勢が好きなんです。だから、ここで勝負したいんです！」

「じゃあ、君は本当に、ここで暮らすつもりなのか？」

「もちろんです」

このときのロバート社長は半信半疑といった表情だった。

人を介して知り合った、ある全米俳優組合の幹部にも厳しいことを言われた。

「君は日本では、売れている俳優なんだってな。だったら、早く日本に帰ったほうがいい。ここには食えない俳優が山のようにいるんだ。頼むから、そういう連中の仕事を奪わないでくれ」

まだ、アジア人に対する偏見や差別が厳然として存在していた頃だ。いや、今だって、アメリカ人の多くが、心のどこかにアジア人蔑視の感情を持っている。

それまでも日本の俳優がハリウッド映画に出ることはあった。しかし、そのほとんどは日本をロケ地としたアメリカ映画だ。私のようにハリウッドに俳優活動の拠点を移して映画に出ようとした日本人は、まだいなかった。

私は絶対に後戻りはしない覚悟で海を渡った。だから、向こうの映画人になんと言われようと、意地でも日本には帰らないつもりだった。事実、3年間は日本には帰らなかったし、日本とアメリカを行き来しながら仕事するようになってからも、活動の拠点はアメリカに置いてきた。そんな暮らしを18年間、続けたのだ。

幸いなことに、グリーンカード（アメリカ永住権）は簡単に取得することができた。移民局に申請に行くと、窓口の黒人男性が私を見るなり、

「ウソだろ、サニー千葉じゃないか。ホンモノのサニーだよな」

と、うれしそうに声をかけてきたのだ。聞いてみれば、子どもの頃から私の空手映画に接し、ずっと大ファンだったという。どうやら彼が便宜を図ってくれたおかげで、通常よりも早くグリーンカードを取得できた。

なんでもいいからチャンスが欲しかった私は現地の友人のツテを頼り、多くのハリウッドの映画関係者に会った。そして、こうした熱意が通じたのだろう。私に対するハリウッドの映画関係者の態度も徐々に好意的なものに変わり、俳優や監督、プロデューサーなどが集うパーティにも頻繁に誘われるようになった。私は喜んで参加した。

ところが、渡米してしばらく、私の英語力は、どうしようもないレベルだった。会話の途中、「ちょっと待ってください」と言いながら電子辞書を引くこともしばしばで、今思い出しても冷や

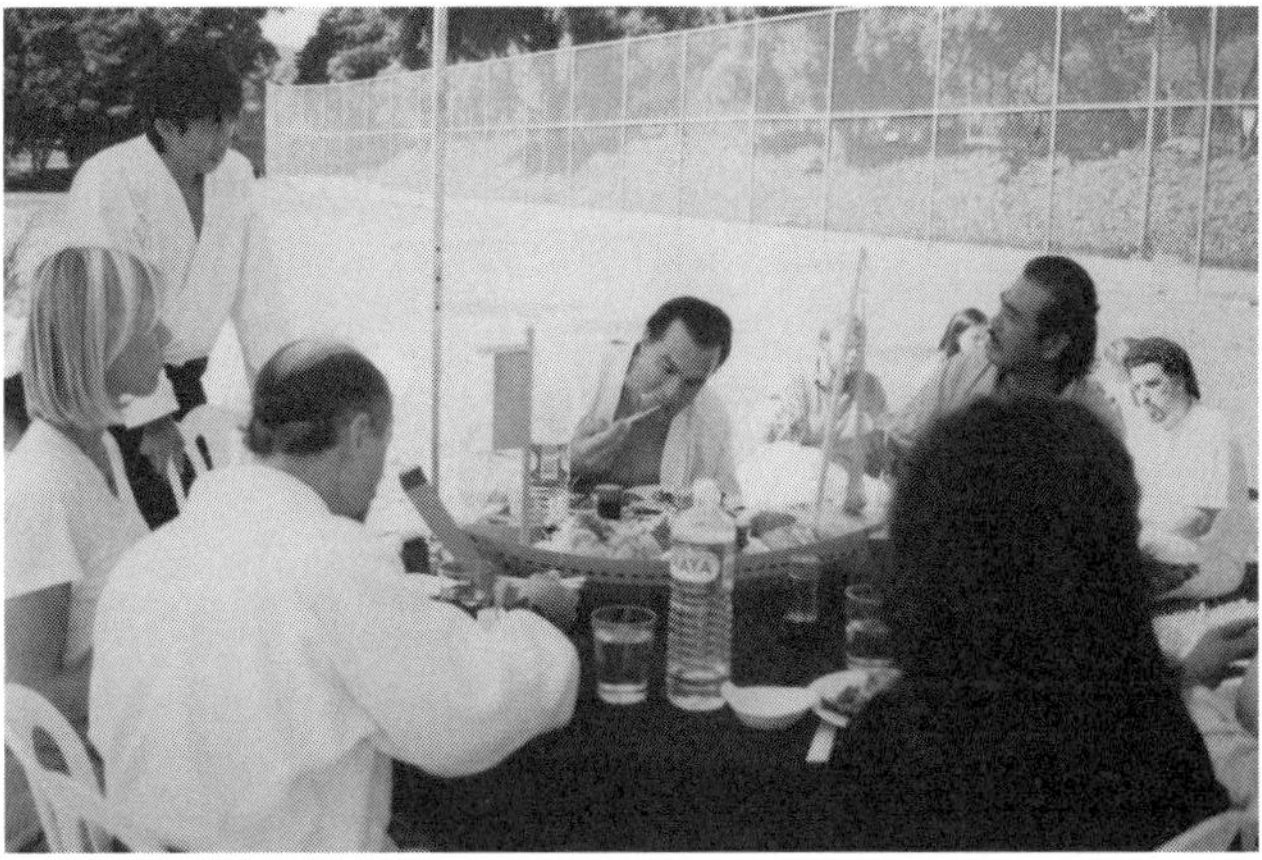

ハリウッドでのある日の食事風景。中心に写っているのはスティーブン・セガール

汗が出る。

まだ20代の頃、高倉健さんに、

「千葉、日本の俳優も英語が必要になるときが必ず来る。言語は役を表現するうえで一番重要な手段だからな。英語ができるに越したことはない。今からでも遅くないから、やっておけよ」

健さんの言う通りだった。結婚後、立教大学の英文科出身の陽子に少し英語を習ったが、長続きはしなかった。陽子は「英語なんて暗記すればいいのよ」と簡単に言うのだが、私は文法から理解しないと納得できない。意外に理屈っぽいところがあるのだ。

渡米後は毎日、マンツーマンでレッスンを受けた。先生は30代半ばのユダヤ人。ジョギングや食事にもつきあってもらい、一日中、英語しかしゃべらないことを自分に課した。

しかし、この先生は日本語もペラペラなのである。だから、私も言葉に窮したときは、つい日本語で話しかけてしまうことがあった。これが良くなかった。日常会話に困らないレベルにまでは上達したが、自分の考えや主張を相手に正確に伝えることができない。いわゆるネイティブスピーカーではないのだ。

当時、よく、こんな夢を見た。私が英語のセリフを何度も間違えて、そのたびに撮影が中断するのだ。

「サニー！　どうして、そんな簡単なセリフが言えないんだ。みんな、迷惑しているぞ。君はもう、明日から来なくていい！」

今だから言えるが、日本に帰ろうかと思ったこともあった。しかし、帰ったら負けである。その程度の覚悟なら、最初から来なければいいのだ。私は、そう思い直し、歯を食いしばってアメリカに居座った。

再婚、そして息子2人の誕生

ハリウッドに活動拠点を移して以降、クエンティン・タランティーノ監督の『キル・ビル』や、人気シリーズ『ワイルド・スピード　X3　TOKYO DRIFT』（2006年）に出演できたのは、大きな収穫だった。

さらに、意外なことに香港の映画会社からも主演のオファーが入った。当時の香港映画史上最大級とも言われた製作費12億円を投じた大作『風雲　ストームライダーズ』（1998年）である。映

『リゾート・トゥ・キル』の撮影風景

画は大ヒットし、私は外国人として初めて香港アカデミー賞の優秀主演男優賞にノミネートされた。

一方で、渡米当初はB級アクション映画にも出た。『リゾート・トゥ・キル』（94年）などは、そんな一本である。

私の役は忍術から空手、剣術まで使いこなすロサンゼルス市警の刑事。相棒の怪力刑事役は当時現役の人気プロレスラーだったロディ・パイパー。2人がメキシコにまで行って裏社会の犯罪集団を壊滅させるというストーリーなのだが、ドラマのテンポは悪いし、ロディ・パイパーのアクションにもスピード感がない。結果的にはB級以下の作品になってしまった。

私はメインキャストの中で最年長だったが、アクションは他のどの出演者よりキレもスピードもあった。その意味では自分の肉体がハリウッドで通用するという自信にはなったのだが……。

実は、この作品は私自身も製作費の一部を出資した作品である。アメリカに行く前に京都の邸宅を売却したため、まとまったお金があったのだ。

しかし、一緒に組む相手を間違った。もっと実力のある監督や脚本家と仕事すべきだった。つまり、アメリカの映画事情や仕組みをきっちり勉強してから、出資する映画を選択すべきだったのである。高い授業料にはなってしまったが、いい経験ではあった。

ロサンゼルスに住み始めてから、自分にたっぷりあったのは時間だった。その間に英会話の学習とともにやったのが、脚本を書くことである。

自分は何のために、ハリウッド映画に出演しようとしているのか。自分が本当に出たいのは、どんな映画なのか。

それを突き詰めて考えたとき、自分が出たいのは日本の精神文化が表現された映画であることを再認識した。私が考える日本の精神文化とは武士道であり、武士道をテーマとした映画をハリウッド資本で作ることこそ、自分の生涯の目標だと強く思うようになった。

これを実現するためには、話が来るのを待っていたのでは何も進まない。自分で脚本を書くしかない。

幸いにして、私は深作欣二監督から脚本づくりのイロハを学んでいる。その脚本が、どう映像化されるかも、深作監督との仕事を通じて学んだ。さらに、そのような経験が実を結んだのが初監督作の『リメインズ　美しき勇者たち』だった。

私の脚本執筆は、この時期から始まり、今日まで、ずっと続いている。書き溜めた脚本は20本近くになった。いずれも実現可能な企画だと思っている。

ロサンゼルスでの暮らしにおける最高の気分転換は体を動かすことだった。

ジムに行って思い切り汗を流し、シャワーを浴びる。それから、ひいきのレストランに行って、おいしいものを食べる。それだけで、どんなに落ち込みそうになったときも気分は晴れ上がった。

人間の生活の基本は脳と体を使い、メシを食うことである。それを日々、続けることで健康も維持されるのだと、私は思っている。

少し自慢させてもらうと、私は40年以上、体型が変わっていない。80歳のとき、芸能生活60周年記念祝賀会を開いたのだが、そのときに着たのが45年前に作ったタキシードだった。一番のお気に入りだったとはいえ、なにしろ30代の頃の服である。着る前は「入るだろうか」と心配したが、まったく問題なかった。ウエストのサイズもピッタリだったから、スタッフが驚いていた。

それもこれも、日頃から厳しいトレーニングを自分に課してきたからである。日本でもロサンゼルスでも、あるいはハワイに行っても、体を動かし、汗を流すことを怠らなかった。

アメリカ時代に、私にとっての大きな転機も訪れた。

再婚と子どもの誕生である。

渡米して2年後の96年に2度目の妻・玉美と結婚し、同じ年の暮れに長男の真剣佑が生まれた。その4年後には次男の郷敦が誕生した。

妻は初めてお腹に子どもを授かったとき、日本に戻って産みたがったが、私の希望で現地の出産を選択した。というのも、アメリカの医療は日本よりはるかに進んでいて、安心して無痛分娩《ぶんべん》が受けられると、友人に聞いていたからだ。

事実、その通りだった。妻はテレビで日本の相撲中継を見ながら、何の痛みも感じずに長男を産んだ。もちろん、私は出産に立ち会った。これも非常に貴重な経験だった。新しい生命が誕生する奇跡に立ち会うことで、その感動を妻と共有することができたのである。

男の子2人の誕生は、このうえない喜びだった。自分が男だから、よけいにうれしかったのは間違いない。父や高倉健さんから学んだ男としての生き方を、彼らに直接伝えられると思ったのだ。

長男は私が57歳のときの、次男は還暦を過ぎてからの子どもである。「いい年をして」と思う人もいるだろうが、私は、そんなことは考えもしなかった。

体力と気力さえ充実していれば、子育ては何歳からでも可能だ。

一緒に夢中で遊び、厳しくしつける

私は長男には「真剣佑」、次男には「郷敦」という、いささか風変わりな名前をつけた。「真剣佑」は「マッケンユー」、「郷敦」は「ゴードン」と読む。友人からはセンスのない名前だと言われたこともある。

もともと役者にしようと思って、つけた名前ではない。「マッケンユー」と「ゴードン」の発音だったら、英語圏でも違和感なく通用する。つまり、インターナショナルな人間として育ってほしかったのだ。

それぞれの名前には、私なりに考えた意味もある。「真剣佑」には「真の剣を持って人の右に出る」という意味を込めた。しかし、まさか、本当に刀を持ってスクリーンを縦横無尽に駆ける役を演じるとは、思ってもみなかった。

「ゴードン」というのは、私がシナリオを書くときに使うペンネームであり、その語感も気に入っているため、次男の名前にした。

剣道、水泳など、いろいろなスポーツを楽しんだ

結局、兄弟そろって俳優の道を歩むことになったのだが、芸能界入りするときは、私からは何も言わず、好きな芸名をつけさせた。しかし、2人とも本名を選んだ。それだけ本名に対する愛着があり、将来はハリウッドで活躍するという気持ちが強かったのだろう。

新田真剣佑の「新田」は、真剣佑が日本アカデミー賞の新人俳優賞を受賞した映画『ちはやふる上の句／下の句』（2016年）で演じた綿谷《わたや》新《あらた》の「新」の字をもらったもので、原作者の末次由紀さんからも許可を得ているそうだ。それまでは「真剣佑」が芸名だった。

一方、郷敦は苗字に「眞栄田」を選んだ。これは本名が前田だからである。郷敦が本名の前田に「眞栄田」という漢字を当てたのは、私の芸名「千葉真一」と兄・真剣佑の「真」の一字を使いたかったからである。

いずれにしても、この名前が世界に通用するものになるかどうかは本人次第である。しかし、繰り返すようだが、私は息子たちを芸能界に入れようとは、考えていなかった。2人とも運動神経は抜群だったから、スポーツの分野に進むんじゃないかと思っていたくらいだ。

とにかくロサンゼルスで暮らした頃は、息子たちとスポーツを楽しんだ。暇なときは公園に行って野球をやったし、自宅にプールがあったので、毎日のように泳いだ。私がジョギングをするときも、後ろから必死になってついてきた。私が鍛錬のために木刀を振れば、彼らは見よう見まねで始め、いつの間にかコツを覚えてしまった。要するに筋がいいのである。

大自然の中で遊ばせることも積極的に行った。私自身がそうだったように、子どもというのは自然の中で思い切り体を動かしたり、川や海で水と触れ合ったりする体験を通して成長する。自然の怖さを肌で感じられるし、身体のバランス感覚を養い、遊び道具を操ることも巧みになる。さまざまな動作をすることは、運動能力を高めることに直結しているのだ。

ハワイにも家族でよく行った。一番の楽しみはシュノーケリングだ。真剣佑などは3歳の頃から海に潜っていた。私が30分ほど教えただけで、あっという間にシュノーケリングの要領を覚えてしまった。

日本に帰ったときは、私が遊んだ君津の竹やぶに連れて行き、竹鉄砲を作ってみせたこともある。兄弟で夢中になって撃ち合っていた。大事なのは、父親も一緒になって夢中で遊ぶことだ。子どもは常に父親の背中を見ている。自然体験を共有することは、子育てにはもってこいの時間である。

そういえば、家族4人でテレビの旅番組（テレビ東京系『いい旅夢気分』07年放映）に出演したのも懐かしい思い出だ。高知の四万十川源流を訪ね、カヌーを初めて体験したのだが、まだ10歳だった真剣佑も7歳の郷敦も、少しもひるむことなく、川下りを楽しんでいた。

しつけに関しては厳しくしたつもりである。たとえば、注意しても聞かず、同じ悪さを3度したときには地下室に閉じ込めた。暗いうえ、ネズミもいるような場所だったから、郷敦などは泣き叫んだものである。

そんなときは真剣佑が必ず「許してあげてよ」と、私に懇願した。彼は私の許可を得たうえで、地下室の鍵を開けて弟を連れ出し、私のところに一緒に謝りにきた。それでいいのである。私とし

真剣佑、郷敦と。とにかく一緒になって夢中で遊んだ

ても、兄弟の絆を大事にしてほしかった。

礼儀作法も、きっちり教えた。といっても、こんなささいなことである。

「食事するとき、目上の人が箸を持つまでは、自分は箸を持ってはいけない」

「お客さんの前を通るときには必ず〝失礼します〟と言いなさい」

つまり、相手のことを考え敬い、礼儀をわきまえて行動するのである。日本人として当たり前の作法だ。

礼儀を身につけさせるうえで効果的なのが武道である。子どもは親の言うことより、先生の言うことを聞く。そこで、2人とも5歳から極真空手の道場に通わせた。すると、瞬く間に上達し、ロサンゼルス市内の大会で真剣佑が優勝し、郷敦が3位になったこともあった。日本で仕事していた私は電話でそれを知り、息子たちが急に頼もしく思えた。考えてみれば、この頃から、アクションができる俳優の下地は作られていたのである。

二世俳優であっても、偽の俳優になるな

長男の真剣佑が生まれて初めて演技らしいことをしたのは、8歳のときだ。ちょうど夏休みに日本に来ていて、私の出演ドラマ『アストロ球団』(テレビ朝日系)の撮影を見学していたときだった。そこで、監督の目にとまり、急遽、出演が決まったのである。

ドラマの登場人物の一人、峠球四郎（金児憲史）に石をぶつけ、その後で地面に放り投げられる少年の役だった。このとき、私が教えたのは演技というより、投げられ方だ。すでに極真空手をやっていたこともあり、投げられるだけの動きにも勘の良さが感じられた。

これが2005年のことで、その2年後には映画にも出演することになった。私が井出良英さんと共同監督を務め、主演もした映画『親父』で、私の子ども時代を演じたのである。

当初、真剣佑を起用する予定はまったくなかったのだが、井出監督が「千葉さんに似ているから」と、真剣佑にゾッコンだった。

「とてもじゃないが、無理ですよ。演技の経験なんてないんだから」

私が断ろうとすると、横にいた真剣佑が、すぐに口を挟んだ。

「パパ、ぼく、やってみたいよ。きっとできるから」

こうして、真剣佑のスクリーンデビューが決まったのである。

映画の印象を左右する重要なシーンが一つあった。家に戻ったら、カマドの前で母親が倒れている。そして、母親の死に直面して驚くシーンである。

「いいか、パパが今からやってみせるから、目を凝らして見ていなさい」

そう言って、私は自ら演じて手本を見せた。すると、一度見せただけなのに、真剣佑はNGを出すことなく、鮮やかに演じ切ったのである。私も監督、スタッフも、その吸収力に舌を巻いた。妻の玉美に至っては完成した作品を観て、真剣佑が演技をした場面で号泣したほどである。

「ひょっとしたら、天性の役者なのかもしれない」

そう思ったのは、このときだ。

しかし、だからと言って、子役として仕事させる気はなかった。高校卒業までは学業が優先だ。10代のうちは芸能界ではなく、学校で学ぶべきことがたくさんあるし、あとは好きなスポーツや音楽に打ち込めばいい。進路を決めるのは、それからだ。本人も同じ気持ちだったと思う。

それでも中学時代に、どこで声がかかったのか、日本向けの英会話の映像教材に出たことがあった。このときも、英語のセリフを短期間で暗記してしまった。

高校時代の夏休みにはアルバイト感覚で短編映画に出演した。

「パパ、夏休みにアルバイトしていい？」

「学校のほうは大丈夫か。お金がないわけじゃないだろう。どうしてアルバイトなんかするんだ？」

「目的はお金じゃないよ。面白そうだからチャレンジしてみたいんだ」

そう言ってオーディションを受け、主役の座を射止めたのが、短編映画『ＳＰＡＣＥ ＭＡＮ』（13年）だった。続いて『テイク・ア・チャンス〜アメリカの内弟子〜』（15年）にも主演した。

両作品も、本人としては満足できる出来ではなかったらしい。この時期の映画は観たくないと言っていたのを聞いたことがある。自分の未熟さを自覚したのだろう。その悔しさが逆に役者という職業への意欲に火をつけたと、私は見ている。

真剣佑の高校卒業は私がアメリカでの暮らしに区切りをつけ、再び日本を拠点に活動し始めた時期でもあった。すでに妻とは別居しており、15年に離婚することになるのだが、真剣佑は私と一緒に暮らし、日本で本格的に俳優業をスタートさせることになったのである。

一方、まだ中学生になったばかりの郷敦は妻と一緒に京都で暮らし始めた。音楽的才能に恵まれた郷敦はアメリカにいた頃からサックスが得意で、京都の中学では吹奏楽部に入った。3年のときには部長も務めている。高校を岡山県の明誠学院高校の特別芸術コースに選んだのも、音楽の道を志していたからだ。吹奏楽の強豪校で学び、東京藝術大学に進学するのが目標だった。

部活はもちろん、吹奏楽部。アルトサックスを担当し、3年のときには全日本吹奏楽コンクールに出場して3位の成績を収めた。やはり、ここでも郷敦は吹奏楽部の部長だった。

しかし、順風満帆だった郷敦も、人生で最初の挫折を経験する。東京藝術大学を受験したものの、不合格に終わったのだ。そして、浪人はせずに俳優の道を志すことを自分で決めた。私や兄・真剣佑の背中をずっと見てきたからだろう。それに俳優活動をするうえで、音楽をやったことは大きなプラスにはなっても、マイナスにはならない。少しも遠回りではない。

こうして、息子2人が私を追うように俳優となったのである。うれしかったが、楽な道ではないことは私が一番よく知っている。

「この世界には二世俳優が、ごまんといる。パパの名前で、チヤホヤされることもあるだろう。でも、そんなのは最初だけだ。いいか、二世俳優であっても、偽の俳優にはなるな。命がけで、父親を超えて行け！」

真剣佑も郷敦も、そんなことは覚悟のうえだという厳しい顔で、私の忠告に耳を傾けていた。

私の夢をかなえるのは息子たちだ

日本のスポーツ選手が海外に活躍の場を求めるようになったのは、1990年代からだろうか。野球の野茂英雄が海を渡り、ロサンゼルス・ドジャースで一大旋風を巻き起こしたのが、95年。私もロサンゼルスでの生活をスタートして2年目だったから、野茂の大奮闘は今でも鮮明に記憶に残っている。

その後、イチローや松井秀喜が続き、現在は大谷翔平がMLBの歴史を塗り替えるような素晴しい活躍を見せている。

サッカーも中田英寿、本田圭佑ら多くの選手が、ヨーロッパの名門クラブで活躍した。バスケットボールも最高峰のNBAで、八村塁や渡邊雄太が頑張っている。

それに比べると、映画俳優の海外進出は、ずいぶん見劣りがする。古くは三船敏郎さん、丹波哲郎さん、そして高倉健さんらがアメリカやヨーロッパの映画に出たが、主演ではなかった。しかも、現地に拠点を置いて俳優活動を継続するまでには至らなかった。

だからこそ、私は無謀を承知でハリウッドに乗り込んだのだ。しかし、待っていたのは茨の道だった。最大のハードルは英語力だ。現地の英語教師にマンツーマンでレッスンを受け、家の壁という壁に英単語や英語のフレーズを書いた紙を貼って勉強したが、限界はあった。日常会話レベルの英語はマスターできても、日本語をしゃべるように英語を操ることはできないのだ。

オファーのある役と言ったら、日本人か日系人。私自身は日本人以外のフィリピンや韓国などのアジア人の役を演じてみたかったのだが、そんなオファーも一切なかった。

余談だが、私は日焼けした顔にひげを生やしていると、よくメキシコ人に間違えられたものだ。メキシコは大好きな国だし、一度でいいからメキシコ人の役もやってみたかった。

私の後輩の真田広之などもハリウッドに活動の拠点を移し、かなりのレベルまで英語が上達した。しかし、それでも日本人訛りは出てしまう。若い頃から英語が堪能だった高倉健さんでさえそうだ。

そこへいくと、真剣佑と郷敦は頼もしい。なにしろアメリカで生まれ、アメリカでずっと育ったから、英語で苦労することはまるでない。日本で暮らし始めるまでは日本語の読み書きのほうが拙《つたな》かった。特に真剣佑は高校までは向こうだったため、役者になった当初は日本語で書かれた脚本を読み込むのに苦労した。分からない漢字にルビを振り、繰り返し読んでいる姿を何度も見た。

数年前、ロサンゼルスのレストランに家族で入ったとき、こんなことがあった。

「真剣佑も郷敦も好きなものを、どんどん食べろ。パパが注文するから」

そう言うと、真剣佑が、

「注文は、ぼくらがするよ。で、パパは何にする？」

と、楽しそうに笑った。私が注文したら、違うものが出てきそうだとでも言いたそうな顔だった。

どうやら息子たちの耳には、私の英語はドンくさく聞こえるらしい。父親としては形なしである。

2人とも図らずも日本でデビューすることになったわけだが、私は日本とアメリカの双方で通用する役者となってほしいと考えてきたし、本人たちも、その覚悟のはずである。

日本では主演ではなく脇役のオファーを、積極的に受けるようにと助言した。いきなり主演という重い役割を背負うのではなく、脇役の立場から映画やドラマの現場を冷静に俯瞰《ふかん》して眺め、演技を磨いてほしかったのだ。脇役だから見えること、学ぶべきことは、たくさんある。主役はハリウッドに行ってからでいいのだ。

幸い、2人とも確実にステップアップしている。天賦の才も間違いなくある。

『るろうに剣心 最終章 The Final』を映画館で観たときは、真剣佑の芝居に驚かされた。これだけの動きができる役者は今の日本にはいないし、ハリウッドでもトップクラスだ。私は、自分を超えるアクションのできる日本人俳優に初めて出会った気がした。

その真剣佑には世阿弥が『風姿花伝』に記した「秘すれば花」という言葉を授けた。私の芸能生活60周年祝賀会でのことだ。「役者が花を咲かすためには人知れず努力しろ。どんな苦しい稽古も世の中に見せてはいけない」という意味に、私は解釈している。高倉健さんがまさに、そうだった。

郷敦に授けたのは「離見の見」。やはり世阿弥の言葉だ。「芝居をしながら、真に役になりきっているか、自己満足に陥っていないかを、もう一つの自分の目で考えながら観察しなさい」という教えである。

息子たちは、この言葉を胸に、日本でもハリウッドでも活躍してほしい。すでに真剣佑はアメリカでの活動をスタートさせた。それも、日本人俳優が成し得なかった主演である。真剣佑は、人気漫画『聖闘士星矢《セイントセイヤ》』を米ハリウッドで実写映画化する『Knights of the Zodiac』（原題）に主演する。この意義はとてつもなく大きい。

ハリウッドでは主演を2度、3度と張ることで、発言権が増していく。自分が出る作品を選べる、つまり脚本を選べるようにもなっていくのだ。私は、すでに映画化可能な脚本を20本近く持っているが、そのほとんどは真剣佑や郷敦のために書いたものである。真剣佑が『Knights of the Zodiac』に主演することが現実となったことで、次に親子でハリウッド作品の脚本と主演を務めるという、ハリウッドでの「親子合作」の目標に、一歩近づけた。もし実現すれば、まさに感無量だ。

すでに述べたように、私がアメリカで実現したかった最後の夢は、日本の「武士道」の精神を描いた作品をハリウッドの映画会社で撮ることである。

息子たちが、その私の最後の夢をきっと、かなえてくれるはずだ。

2021年6月17日、最後となった取材中の様子

2020年の外出自粛期間より、油彩を趣味としていた。下は自宅アトリエ。写真を基に描いたり、模写したりと、さまざまな技法を試し、創作を行っていた。左上の賞状は、文化庁長官表彰。右奥の壁には、ジェームズ・ディーンの写真が貼られている

取材を終えて

米谷紳之介

２０２０年春、週刊大衆における連載と、その後の単行本化を前提に、千葉真一さんのインタビューが始まった。毎回、インタビューは3時間、4時間に及んだ。

千葉県君津市のご自宅にお伺いしたこともある。製作途中の作品や、すでに完成した作品を含め、最近、没頭しているという油絵も見せていただいた。ひいきにしている地元のうなぎ屋から出前を取っていただき、健康の秘訣《ひけつ》だという自家製の生姜《しょうが》漬けを一緒に食べたのだが、これが絶品だった。今もその味を思い出すことがある。

少し酒も入り、話が弾むうちに、気がついたら午後9時を回っていた。取材は午後2時からだったが、この間、ずっと話していたのは映画についてである。過去の出演作、これからの企画。一度話し始めたら、止まらない。記憶力も抜群だった。

本書では、千葉さんはクエンティン・タランティーノ監督を「24時間、映画のことを考えている男」と評しているが、千葉さんも同様だった。おそらく深作欣二監督も、そうだったはずである。その3人が集まり、ホテルで合宿までして進めた映画の企画が流れてしまったのは、残念としか言いようがない。

最後にお会いしたのは今年の6月末。ほぼインタビューは終わり、細部を確認するために9月にもう一度、お会いすることを約束した。

「ぜひお会いしましょう。何度でも構いませんから」

そのときの素敵な笑顔が、ぼくにとって千葉さんの最後の記憶である。訃報が届いたのは約2か月後の8月19日だった。


映画、テレビを含め、総出演作が1500話を超える千葉さんのキャリアを振り返ると、改めて「映画人・千葉真一」の存在の大きさが分かる。

1961年の初主演映画作『風来坊探偵　赤い谷の惨劇』は深作欣二監督のデビュー作でもあり、2人の、その後の関係を思えば、まさに運命の出会いだった。しかし、60年代は映画が斜陽に入った時代であり、娯楽の中心はテレビへと移りつつあった。

千葉真一の名前を、一躍全国区にしたのは、68年から始まったテレビドラマ『キイハンター』だった。人気絶頂期に番組の幕が閉じられたのは、自らの意向によるものだった。ドラマのマンネリ化や自分のイメージが固定化するのを嫌ったからである。

そして、再び軸足を映画に移すと、待っていたのはここでも深作欣二監督だった。『仁義なき戦い』シリーズ第2作『広島死闘篇』では、従来の千葉真一像を壊す役づくりが話題となった。その5年後には、やはり深作監督と組み、『柳生一族の陰謀』で東映時代劇を復活させ、柳生十兵衛は服部半蔵と並ぶ当たり役となった。

役者活動と並行し、『戦国自衛隊』以後はアクション監督としても活躍する。『忍者武芸帖　百地三太夫』、『吠えろ鉄拳』、『将軍家光の乱心　激突』で演出した鮮やかなアクションシーンは、自ら設立したＪＡＣの底力が大きくものをいった。こうした仕事の延長線上に初監督作の『リメインズ美しき勇者たち』もある。

さらに挑戦は続く。１９９０年代半ばからはハリウッドに活動の拠点を移した。数々のアメリカ映画に出演したが、現地での苦闘は本書に記されている通りだ。

しかし、千葉真一は常に前を見て走った。今度は、自ら脚本を書き始めたのである。近年、日本に戻ってからは、その映画化のために尽力していた。

君津の自宅を訪れ、驚かされたのは25メートルの室内プールを改築し、筋トレマシーンを並べた本格的なジムのような部屋だった。毎日、ここで汗を流すのだという。

「役者の基本は肉体です。オファーがあれば、時代劇の殺陣も、現代劇のアクションもやりますよ。年だから、危険だからといって、吹き替えに頼っていたら、自分の作品とは言えないでしょう」

80歳を過ぎたから、できる役はいくらでもあるという。むしろ、今だから演じられる役に挑戦したいのだと、快活に語った。今さらながら、千葉真一主演の『柳生一族の陰謀』続編や『水戸黄門』を観たかったと思う。

享年82。芸能生活62年。

千葉真一とは何者だったのか。

ぼくは、こう答える。

「映画界の冒険者」

冒険のゴールが何であったかを、最後のインタビューであらためて質問するつもりだった。しかし、聞かなくても答えは分かっていた。本書を読んだ方も、もう、お分かりのはずである。

ゴールにはたどり着けなかったが、千葉さんは最後まで走り続けた。そして、ずっと手にしていたバトンは、すでに次の世代に手渡されている。

千葉真一 出演作品リスト

映画

	作品名	製作会社	役名 ★があるものは主役	監督	脚本
1959	「或る剣豪の生涯」	東宝	エキストラ	稲垣浩	稲垣浩
1961	「警視庁物語 不在証明（ありばい）」	ニュー東映	中川刑事	島津昇一	長谷川公之
1961	「警視庁物語 十五才の女」	ニュー東映	中川刑事	島津昇一	長谷川公之
1961	「風来坊探偵 赤い谷の惨劇」	ニュー東映	★西園寺五郎	深作欣二	松原佳成 神波史男
1961	「風来坊探偵 岬を渡る黒い風」	ニュー東映	★西園寺五郎	深作欣二	松原佳成 神波史男
1961	「宇宙快速船」	ニュー東映	★立花真一／アイアンシャープ	太田浩児	森田新
1961	「ファンキーハットの快男児」	ニュー東映	★天下一郎	深作欣二	田辺虎男 池田雄一
1961	「ファンキーハットの快男児 二千万円の腕」	ニュー東映	★天下一郎	深作欣二	田辺虎男 池田雄一
1961	「警視庁物語 十二人の刑事」	ニュー東映	中川刑事	村山新治	長谷川公之
1961	「進藤の社長シリーズ 石松社員は男でござる」	ニュー東映	長島	飯塚増一	若井基成
1962	「南太平洋波高し」	東映東京	結城	渡辺邦男	棚田吾郎 渡辺邦男
1962	「恋愛学校（ラブ・スクール）」	東映東京	木暮慎一	近藤節也	森環 近藤節也
1962	「二・二六事件 脱出」	東映東京	篠原上等兵	小林恒夫	高岩肇
1962	「恋と太陽とギャング」	東映東京	山内	石井輝男	佐治幹 石井輝男
1962	「あの空の果てに星はまたたく」	東映東京	堀本義夫	関川秀雄	進藤兼人
1962	「残酷な月」	東映東京	正木	飯塚増一	秋本隆太
1962	「山麓」	東映東京	速水信吉	瀬川昌治	松山善三
1962	「八月十五日の動乱」	東映東京	大森医師	小林恒夫	高岩肇
1962	「ギャング対Gメン」	東映東京	梶修	深作欣二	但馬栄
1962	「王将」	東映東京	毛利	伊藤大輔	伊藤大輔
1962	「恐怖の魔女」	東映東京	★城野大助	若林栄二郎	山村英司
1963	「こまどりのりんごッこ姉妹」	東映東京	梅さん	伊賀山正光	棚田吾郎
1963	「次郎長社長と石松社員 安来ぶし道中」	東映東京	塩見寛	瀬川昌治	瀬川昌治 大川久男
1963	「暴力街」	東映東京	市ノ木一夫	小林恒夫	直居欽哉 横山保朗
1963	「特別機動捜査隊」	東映東京	★内藤刑事	太田浩児	大和久守正
1963	「こまどり姉妹 未練ごころ」	東映東京	富沢健一	伊賀山正光	須崎勝弥 千葉茂樹
1963	「柔道一代」	東映東京	本郷四郎	佐伯清	松浦健郎
1963	「特別機動捜査隊 東京駅に張り込め」	東映東京	小松刑事	太田浩児	佐治幹 永田俊夫

1963	「殺人鬼の誘惑」	東映東京	★城野大助	若林栄二郎	山村英司
1963	「八州遊侠伝　男の盃」	東映京都	佐太郎	マキノ雅弘	直居欽哉　山崎大助
1963	「浅草の侠客」	東映東京	葉山新介	佐伯清	松浦健郎
1963	「海軍」	東映東京	牟田口隆夫	村山新治	進藤兼人
1963	「やくざの歌」	東映東京	★新田俊次	若林幹	池田一朗
1963	「ギャング忠臣蔵」	東映東京	矢頭	小沢茂弘	松浦健郎
1963	「白い熱球」	東映東京	★荻原要太	佐伯清	棚田吾郎
1963	「わが恐喝の人生」	東映東京	小沢伍郎	佐伯清	瀬川昌治　大川久男
1964	「地獄命令」	東映東京	大松信一	小沢茂弘	松浦健郎　村尾昭
1964	「柔道一代講道館の鬼」	東映京都	★本郷四郎	佐伯清	結束信二
1964	「東京アンタッチャブル　売春地下組織」	東映東京	原田芳夫	飯塚増一	長谷川公之
1964	「君たちがいて僕がいた」	東映東京	矢吹誠	鷹森立一	池田一朗　山本英明
1964	「竜虎一代」	東映東京	松橋新一	小林恒夫	村尾昭
1965	「あの雲に歌おう」	東映東京	戸野村淳	太田浩児	須崎勝弥
1965	「可愛いあの子」	東映東京	森本	鷹森立一	高橋玄洋
1965	「にっぽん泥棒物語」	東映東京	大木弁護士	山本薩夫	高岩肇　武田敦
1965	「おゝい雲」	東映東京	辰巳三郎	瀬川昌治	瀬良時夫
1965	「逃亡」	東映東京	立石三郎	家城巳代治	棚田吾郎
1965	「やくざGメン　明治暗黒街」	東映京都	柴山徹	工藤栄一	村尾昭　鈴木則文
1965	「無頼漢仁義」	東映東京	陣内壮一	渡辺祐介	下飯坂菊馬　野上竜雄
1965	「網走番外地　北海篇」	東映東京	十三番(葉山)	石井輝男	石井輝男
1966	「夜の牝犬」	東映東京	大月辰男	村山新治	成沢昌茂
1966	「カミカゼ野郎　真昼の決斗」	にんじんプロ	★御手洗健	深作欣二	深作欣二　太田浩児　他
1966	「海底大戦争」	東映東京	★安部	佐藤肇	大津皓一
1966	「網走番外地　南国の対決」	東映東京	谷村	石井輝男	石井輝男
1966	「太陽に突っ走れ」	東映東京	★進藤孝	鷹森立一	池田雄一
1966	「浪曲子守唄」	東映東京	★遠藤文吾	鷹森立一	池田雄一
1966	「黄金バット」	東映東京	★ヤマトネ博士	佐藤肇	高久進
1967	「組織暴力」	東映東京	高杉晋次	佐藤純彌	佐治乾　鈴樹三千夫
1967	「続・浪曲子守唄」	東映東京	★遠藤文吾	鷹森立一	池田雄一
1967	「あゝ同期の桜」	東映京都	半沢少尉	中島貞夫	須崎勝弥　中島貞夫
1967	「北海遊侠伝」	東映東京	間修一	鷹森立一	山本英明　松本功
1967	「ギャングの帝王」	東映東京	松本	降旗康男	石松愛弘
1967	「出世子守唄」	東映東京	★遠藤文吾	鷹森立一	池田雄一

1967「河内遊侠伝」	東映東京	★杉本駒吉	鷹森立一	池田雄一
1968「人間魚雷 あゝ回天特別攻撃隊」	東映京都	滝口航海長	小沢茂弘	棚田吾郎
1968「陸軍諜報33」	東映東京	★山本和夫	小林恒夫	高岩肇 金子武郎
1968「あゝ予科練」	東映東京	★児玉少尉	村山新治	須崎勝弥
1969「不良番長 猪の鹿お蝶」	東映東京	★藤木光男	野田幸男	山本英明 松本功
1969「日本暗殺秘録」※1	東映京都	★小沼正	中島貞夫	笠原和夫 中島貞夫
1970「やくざ刑事」	東映東京	★隼田志郎	野田幸男	神波史男
1970「やくざ刑事 マリファナ密売組織」	東映東京	★隼田志郎	野田幸男	神波史男 野田幸男
1970「最後の特攻隊」	東映東京	★三島大尉	佐藤純彌	直居欽哉
1971「やくざ刑事 恐怖の毒ガス」	東映東京	★隼田志郎	鷹森立一	神波史男 鷹森立一
1971「やくざ刑事 俺達に墓はない」	東映東京	★隼田志郎	鷹森立一	神波史男 鷹森立一
1972「狼やくざ 殺しは俺がやる」	東映東京	★氷室剛介	鷹森立一	神波史男
1972「麻薬売春Gメン」	東映東京	★菊池靖男	高桑信	金子武郎 高桑信
1972「銀蝶流れ者 牝猫・博奕」	東映東京	東隆次	山口和彦	松本功 山口和彦
1972「狼やくざ 葬いは俺が出す」	東映東京	★伊吹徹	斎藤武市	中西隆三
1972「麻薬売春Gメン 恐怖の肉地獄」	東映東京	★菊地春夫	高桑信	金子武郎 高桑信
1973「仁義なき戦い 広島死闘篇」	東映京都	大友勝利	深作欣二	笠原和夫
1973「ボディガード牙」	東映東京	★牙直人	鷹森立一	中西隆三
1973「東京−ソウル−バンコック 実録麻薬地帯」	東映京都	★和田達也	中島貞夫	高田宏治 中島貞夫
1973「ボディガード牙 必殺三角飛び」	東映東京	★牙直人	鷹森立一	中西隆三
1974「激突！殺人拳」	東映京都	★剣琢磨	小沢茂弘	高田宏治 鳥居元宏
1974「殺人拳2」	東映京都	★剣琢磨	小沢茂弘	高岩肇 小沢茂弘
1974「ルバング島の奇跡 陸軍中野学校」	東映東京	★菊地一郎	佐藤純彌	高久進 神波史男
1974「直撃！地獄拳」	東映東京	★甲賀竜一	石井輝男	石井輝男
1974「女必殺拳」	東映東京	響征一	山口和彦	鈴木則文 掛札昌裕
1974「逆襲！殺人拳」	東映京都	★剣琢磨	小沢茂弘	高田宏治 志村正浩
1974「直撃地獄拳 大逆転」	東映東京	★甲賀竜一	石井輝男	橋本新一 石井輝男
1975「少林寺拳法」	東映東京	★宗道臣	鈴木則文	松本功
1975「若い貴族たち 13階段のマキ」	東映東京	日向健一	内藤誠	金子武郎 内藤誠
1975「ウルフガイ 燃えろ狼男」	東映東京	★犬神明	山口和彦	神波忠男
1975「新幹線大爆破」	東映東京	青木	佐藤純彌	小野竜之助
1975「けんか空手 極真拳」	東映東京	★大山倍達	山口和彦	鈴木則文 中島信昭
1975「爆発！暴走族」	東映東京	津上	石井輝男	松本功
1975「新仁義なき戦い 組長の首」※2	東映京都	バーテンダー	深作欣二	佐治乾 田中陽造 他

※1 京都市民映画祭・主演男優賞　※2 カメオ出演

1975	「激突！合気道」	東映京都	名取新兵衛	小沢茂弘	志村正浩　高田宏治
1975	「けんか空手　極真無頼拳」	東映東京	★大山倍達	山口和彦	掛札昌裕　中島信昭
1976	「必殺女拳士」	東映東京	桧垣一真	小平裕	松田寛夫
1976	「横浜暗黒街　マシンガンの滝」	東映東京	小松啓市	岡本明久	松田寛夫
1976	「子連れ殺人拳」	東映東京	★坂田周平	山口和彦	鴨井達比古　中島信昭
1976	「ラグビー野郎」	東映京都	大館力男	清水彰	鳥居元宏　野波静雄
1976	「脱走遊戯」	東映京都	★神木渡	山下耕作	高田宏治　関本郁夫　他
1976	「沖縄やくざ戦争」※3	東映京都	国頭正剛	中島貞夫	高田宏治　神波史男
1977	「やくざ戦争　日本の首領」	東映京都	迫田常吉	中島貞夫	高田宏治
1977	「激殺！邪道拳」	シネシンク	★無音笛	野田幸男	長田紀生
1977	「北陸代理戦争」	東映京都	金井八郎	深作欣二	高田宏治
1977	「空手バカ一代」	東映東京	★大山倍達	山口和彦	掛札昌裕
1977	「日本の仁義」	東映京都	★木暮勝次	中島貞夫	神波史男　松田寛夫　他
1977	「ドーベルマン刑事」	東映京都	★加納錠治	深作欣二	高田宏治
1977	「トラック野郎　度胸一番星」	東映東京	新村譲次	鈴木則文	野上龍雄　澤井信一郎
1977	「ゴルゴ13　九竜の首」	東映京都	★デューク東郷	野田幸男	中島信昭　杉本功
1977	「瞳の中の訪問者」※4	ホリ企画制作	酔っぱらい	大林宣彦	ジェームス三木
1978	「柳生一族の陰謀」※5	東映京都	★柳生十兵衛	深作欣二	野上龍雄　松田寛夫　他
1978	「宇宙からのメッセージ」	東映=東北新社	ハンス	深作欣二	松田寛夫
1978	「沖縄10年戦争」	東映京都	伊波朝勇	松尾昭典	松本功　大津一郎　他
1978	「赤穂城断絶」	東映京都	不破数右衛門	深作欣二	高田宏治
1979	「白昼の死角」	東映東京	太田洋助	村川透	神波史男
1979	「闇の狩人」	俳優座=松竹	下国左門	五社英雄	北沢直人
1979	「蘇える金狼」	角川春樹事務所	桜井光彦	村川透	永原秀一
1979	「戦国自衛隊」※6	角川春樹事務所	★伊庭義明	斉藤光正	鎌田敏夫
1980	「復活の日」	角川春樹事務所=TBS	山内博士	深作欣二	高田宏治　深作欣二　他
1980	「忍者武芸帖　百地三太夫」※7	東映京都	不知火将監	鈴木則文	石川孝人　神波史男　他
1980	「武士道ブレード」	ランキン・バス・プロ=トライデント・フィルム	井戸守	トム・コタニ(小谷承靖)	ウィリアム・オヴァーガード
1981	「ちゃんばらグラフィティー斬る！」※8	東映京都	柳生十兵衛	浦谷年良	
1981	「魔界転生」	東映=角川春樹事務所	★柳生十兵衛	深作欣二	野上龍雄　石川孝人　他
1981	「吼えろ鉄拳」※9	東映京都	太刀川俊介	鈴木則文	鈴木則文　井上真介　志村正浩
1981	「冒険者(アドベンチャー)カミカゼ」	東映京都	★神風大介	鷹森立一	内藤誠　桂千穂　中島貞夫
1982	「蒲田行進曲」※10	松竹=角川春樹事務所	千葉真一	深作欣二	つかこうへい
1982	「伊賀忍法帖」	角川春樹事務所=東映	柳生新左衛門	斎藤光正	小川英

※3 京都市民映画祭・主演男優賞　※4 友情出演
※5 第2回日本アカデミー賞優秀助演男優賞　※6 アクション監督 第22回ブルーリボン賞スタッフ賞
※7 アクション監督　※8「柳生一族の陰謀」の映像を使用　※9 アクション監督　※10 友情出演

1983「伊賀野カバ丸」※11	東映京都	伊賀野才蔵	鈴木則文	志村正浩 長崎行男 他
1983「里見八犬伝」	角川春樹事務所	犬山道節	深作欣二	鎌田敏夫 深作欣二
1984「コータローまかりとおる！」※12	東映京都	ムーア公国大佐	鈴木則文	志村正浩 鈴木則文
1985「最後の博徒」	東映京都	加納良三	山下耕作	村尾昭
1986「キャバレー」	角川春樹事務所	関東連合組長	角川春樹	田中陽造
1987「必殺4 恨みはらします」	松竹=朝日放送	わらべや文七	深作欣二	野上龍雄 深作欣二 他
1989「将軍家光の乱心 激突」※13	東映京都	伊庭庄左衛門	降旗康男	中島貞夫 松田寛夫
1989「丹波哲郎の大霊界 死んだらどうなる」※14	丹波企画	天使	丹波哲郎 石田照	丹波哲郎
1989「せんせい」※15	トム・ソーヤ企画	牛山誠	山城新伍	重森孝子
1990「リメインズ 美しき勇者たち」	松竹=サニー千葉エンタプライズ		千葉真一	佐藤繁子
1991「極道戦争 武闘派」	東映京都	笠井高次	中島貞夫	大津一郎
1992「HAKEN～覇拳～」	ゴールドハーバーフィルムズ	依頼人	千葉真一 ケイシー・チャン	ケイシー・チャン
1992「エイセス 大空の誓い～アイアン・イーグルⅢ～」	カロルコ・ピクチャーズ	スエオ・ホリコシ大佐	ジョン・グレン	ケビン・エルダース
1992「地雷原 A mine field.」※16	ケイエスエス ヒーロー・コミュニケーションズ	高木弘道	崎田憲一	木戸丈太郎
1992「いつかギラギラする日」	日本テレビ=バンダイ=松竹第一興行	柴	深作欣二	丸山昇一
1993「リゾート・トゥ・キル」	パワーハウスピクチャーズ	ジンタニ・JJ・ジロウ	ダニエル・A・ニーラ	ダニエル・A・ニーラ ロバート・クラブトリー
1995「ザ・サイレンサー MAGNUM357」	東映ビデオ=ウエスト・サイド・スタジオ	★マコト	ダレン・スー	ヘンリー・マデン
1998「風雲 ストームライダーズ」※17	ゴールデン・ハーベスト	雄覇	アンドリュー・ラウ	マンフレッド・ウォン
2000「小李飛刀之飛刀外傳 The Legend Of The Flying Swordsman」	ゴールデンサンフィルムズ	李元覇	リン・チンロン	チャン・ロンイャオ リン・チンロン
2000「勝者為王 狼たちの伝説―亜州黒社会戦争―」	ゴールデン・ハーベスト	草刈一雄	アンドリュー・ラウ	マンフレッド・ウォン キャンディ・チェン
2000「博多ムービーちんちろまい」	博多ムービー製作委員会	黒田武士	大森一樹	藤村磨実也 大森一樹
2001「悲しきヒットマン 蒼き狼」※18	ミュージアム	竜神会三好組長	横井健司	水上竜士
2001「悪名 AKUMYOU」	シネマパラダイス	黒島東洋蔵	和泉聖治	高田宏治
2001「殺しの軍団」	シネマパラダイス	神羅忠次郎	南部英夫	我妻正義
2001「殺しの軍団2 関西制圧への道」	シネマパラダイス	神羅忠次郎	南部英夫	我妻正義
2002「悪名2～荒ぶる喧嘩魂」	シネマパラダイス	黒島東洋蔵	和泉聖治	高田宏治
2002「伝説のやくざボンノ 烈火の章」	シネマパラダイス	山倉健一	辻裕之	石川雅也
2002「実録・安藤昇 侠道伝 烈火」	東海ビデオ	土方泰典	三池崇史	武知鎮典
2003「新・影の軍団 序章」※19	シネマパラダイス	★服部半蔵	宮坂武志	友松直之 前田茂司
2003「新・影の軍団 第二章」※20	シネマパラダイス	★服部半蔵	宮坂武志	友松直之 前田茂司
2002「伝説のやくざボンノ 落日の章」	シネマパラダイス	山倉健一	辻裕之	石川雅也
2003「バトルロワイヤルⅡ 鎮魂歌」	東映	三村真樹雄	深作欣二 深作健太	深作健太 木田紀生
2003「新実録・九州やくざ列伝 兜健と呼ばれた男」	シネマパラダイス	塚田武雄	辻裕之	岬英昭
2003「新・影の軍団 第三章 地雷火」※21	シネマパラダイス	★服部半蔵	加藤文明	水上竜士

※11 企画　※12 企画　※13 アクション監督　※14 特別出演　※15 プロデューサー
※16 原案　※17 第18回香港電影金像奨 優秀主演男優賞
※18 特別出演　※19 企画　※20 企画　※21 製作総指揮

2003	「キル・ビル」※22	ア・バンド・アパート	服部半蔵	クェンティン・タランティーノ	クェンティン・タランティーノ
2003	「浪商のヤマモトじゃ！喧嘩野球編」※23	「浪商のヤマモトじゃ！」製作委員会	アツムの祖父	白石久弥	白石久弥　木田紀生
2004	「新・影の軍団　地雷火　第四章」※24	シネマパラダイス	★服部半蔵	加藤文明	水上竜士
2004	「銭道」	シネマパラダイス	神開浩次郎	金澤克次	我妻正義
2004	「銭道2　借金地獄抜け道指南」	シネマパラダイス	神開浩次郎	金澤克次	我妻正義
2004	「新・日本の首領」	シネマパラダイス	高野松雄	高瀬將嗣	石川雅也
2004	「新・日本の首領2」	シネマパラダイス	高野松雄	高瀬將嗣	石川雅也
2004	「銭道3　なにわ金融指南」	シネマパラダイス	神開浩次郎	金澤克次	我妻正義
2004	「新・日本の首領3」	シネマパラダイス	高野松雄	高瀬將嗣	石川雅也
2004	「SURVIVE STYLE5+」	シネマパラダイス	風間	関口現	多田琢
2004	「銭道4　男と女の金融講座」	シネマパラダイス	神開浩次郎	金澤克次	我妻正義
2004	「爆裂都市　EXPLOSIVE CITY」	セイムウェイプロダクション	オトウサン	サム・レオン	サム・レオン　ポール・チュン
2004	「銭道5　無限連鎖講」	シネマパラダイス	神開浩次郎	金澤克次	我妻正義
2005	「新・影の軍団　第五章　服部半蔵VS陰陽師」	シネマパラダイス	★服部半蔵	宮坂武志	水上竜士
2005	「新・影の軍団　最終章　服部半蔵　最後の戦い」	シネマパラダイス	★服部半蔵	宮坂武志	水上竜士
2005	「銭道6」	シネマパラダイス	神開浩次郎	金澤克次	我妻正義
2005	「猿飛佐助　闇の軍団3　風の巻」	シネマパラダイス	柳生十兵衛	宮坂武志	水上竜士　石倉保志
2005	「猿飛佐助　闇の軍団4　火の巻　完結篇」	シネマパラダイス	柳生十兵衛	宮坂武志	水上竜士
2006	「マスター・オブ・サンダー決戦!!　封魔龍虎伝」※25	日活	源流	谷垣健治	谷垣健治　青木方央
2006	「THE WINDS OF GOD -KAMIKAZE-」	エル・カンパニー	太田飛行隊長	今井雅之	今井雅之
2006	「ワイルド・スピードX3 TOKYO DRIFT」	レラティビティ・メディア　オリジナル・フィルム	カマタ組長	ジャスティン・リン	クリス・モーガン
2006	「実録　九州やくざ抗争　誠への道」※26	GPミュージアム	大賀磯治	津島勝	村上和彦
2007	「実録　九州やくざ抗争　誠への道　完結編」※27	GPミュージアム	大賀磯治	石原興	村上和彦
2007	「親父」	チェイスフィルム	沼田竜道	千葉真一　井手良英	亀石太夏匡　井手良英
2008	「風林火山　晴信燃ゆ」	松竹	板垣信方	石川耕士	石川耕士
2009	「千年の松」	メディア・ワークス	関根	高瀬將嗣	霧嶋悠一
2009	「千年の松　完結編」	メディア・ワークス	関根	高瀬將嗣	霧嶋悠一
2012	「極道（やくざ）の紋章（だいもん）　第十八章」※28	メディア・ワークス	城島誠太郎	片岡修二	片岡修二
2012	「SUSHI GIRL」	アッセンブリーライン　レベルアッププロダクション	寿司職人	カーン・サクストン	デスティン・パフ　カーン・サクストン
2012	「修羅の花道」※29	メディア・ワークス	須玉誉士夫	壷井詠二	村上和彦　土井泰昭
2012	「修羅の花道2」※30	メディア・ワークス	須玉誉士夫	壷井詠二	村上和彦　土井泰昭
2013	「日本統一」	メディア・ワークス	権田誠蔵	山本芳久	辻裕之　山本芳久
2013	「日本統一2」	メディア・ワークス	権田誠蔵	山本芳久	辻裕之　山本芳久
2013	「首領（ドン）の道6」	メディア・ワークス	高木レイホウ	渋谷正一	松平章全

※22 Vol.1と2の2部構成。出演はVol.1のみ。剣術指導 第30回サターン賞 助演男優賞ノミネート
※23 特別出演　※24 製作総指揮　※25 特別出演　※26 特別出演
※27 特別出演　※28 特別出演　※29 特別出演　※30 特別出演

作品名	制作局	役名 ★があるものは主役	演出	脚本
2013「首領の道7」	メディア・ワークス	高木レイホウ	渋谷正一	松平章全
2013「首領の道8」	メディア・ワークス	高木レイホウ	渋谷正一	松平章全
2013「首領の道9」	メディア・ワークス	高木レイホウ	渋谷正一	松平章全
2014「ニンジャセオリー」※31	ワッペンフィルムスタジオ	忍者マスター	飯塚貴士	飯塚貴士
2014「修羅の伝承 荒ぶる凶犬」	メディア・ワークス	★秋山秀平	辻裕之	M☆HONDA 辻裕之
2014「歌舞伎町はいすくーる」※32	コンセプトフィルム nktエンターテイメント	八海山理事長	軽部進一	那須真知子
2014「関東極道連合会 第一章」	メディア・ワークス	守川	岬英昭	村上知行 岬英昭
2015「関東極道連合会 第二章」	メディア・ワークス	守川	岬英昭	村上知行 岬英昭
2015「エイプリルフールズ」	共同テレビジョン	暴力団幹部	石川淳一	古沢良太
2015「騒音」	浅井企画 スタジオブルー	特別名誉教官	関根勤	舘川範雄
2015「テイク・ア・チャンス～アメリカの内弟子～」	クロッシングホローフォルムズ	宮本武蔵	大山泰彦	大山泰彦 マイケル・スタイルズ
2017「頂点(てっぺん)」	ワールドムービープロダクション	藤倉	辻裕之	伊藤康隆 辻裕之
2017「頂点2」	ワールドムービープロダクション	藤倉	辻裕之	伊藤康隆 辻裕之
2017「頂点3」	ワールドムービープロダクション	藤倉	辻裕之	伊藤康隆 辻裕之
2017「極道天下布武」	ワールドムービープロダクション	毛利屋元就	港雄二	江面貴亮
2017「極道天下布武 第二幕」	ワールドムービープロダクション	毛利屋元就	港雄二	江面貴亮
2017「極道天下布武 第四幕」	ワールドムービープロダクション	毛利屋元就	港雄二	江面貴亮
2017「写真甲子園0.5秒の夏」	シネボイス	飛弾野忠幸	菅原浩志	菅原浩志

テレビドラマ

作品名	制作局	役名 ★があるものは主役	演出	脚本
1960「新 七色仮面」	NET	★蘭光太郎/七色仮面	鈴木敏郎 和田篤人	松原佳成
1960「ドキュメンタリードラマ 指名手配『悪魔の火』」	NET	★		
1960「アラーの使者」	NET	★鳴海五郎/アラーの使者	近藤龍太郎	松原佳成
1963「鉄道公安36号」	NET	早川公安官	石川義寛 奥中惇夫 他	押川国秋 小山内美恵子
1963「浅草の灯」	NET		広澤一郎	植草圭之助
1965「栄光の旗」	TBS	山中中尉	橋本信也	笠原和夫
1965「くらやみ五段」	NET	★倉見達也	松島稔	七条門
1965「特別機動捜査隊」※33	NET	小林刑事	松島稔	長谷川公之
1965「黄色い風土」	NET		渡辺成男 今村農夫 他	阿部桂一 佐治乾
1968「キイハンター」	TBS	★風間洋介	深作欣二 鷹森立一 他	高久進 池田雄一他
1969「柔道一直線」	TBS	鷲尾	小林恒夫他	佐々木守他

※31 声の出演、特別出演
※32 特別出演
※33 207話ゲスト

1969 「特命捜査室」※34	フジテレビ		山田稔	押川国秋 他
1972 「刑事くん」第1・2部	TBS	矢吹刑事	村山新治 他	佐々木守 市川森一 他
1973 「ロボット刑事」※35	フジテレビ	新條敬太郎	奥中惇夫	伊上勝 他
1973 「現代鬼婆考・殺愛」	NET	★老婆しげ	降旗康男	小池一雄
1974 「ザ・ボディーガード」	NET	★鷲見秀介	吉川一義 竹本弘一 他	長坂秀佳 安倍徹郎 他
1975 「ザ・ゴリラ7」	NET	★風見大介	若林幹 吉川一義 他	曽田博久 押川国秋 他
1975 「燃える捜査網」	NET	★大神史郎	竹本弘一 西村潔 他	池田一朗 等々力亘 他
1976 「大非常線」	NET	★五代正弘	西村潔 三堀篤	小川英 四十物光男 他
1976 「七色とんがらし」	NET	★鮫島鉄男	田中利一	向田邦子
1977 「新伍とんでけ捕物帳」	TBS		松本功	松本功 大久保昌一 他
1978 「十字路」	NHK	★木原潤三	中村克史 和田勉 他	鎌田敏夫
1978 「想い出の海辺 パパ、ぼく死にたくない!」	テレビ朝日	★真介	西村潔	須崎勝彌
1978 「柳生一族の陰謀」	フジテレビ	★柳生十兵衛	深作欣二 牧口雄二 他	野上龍雄 山田隆之 他
1978 「雪山讃歌・ある青春 ～立てた!滑れた!～」	フジテレビ		窪川建造	田代淳二
1978 「南十字星 コルネリヤお雪異聞・わたしの山田長政」※36	ABC	宮本武蔵	橋本信也	早坂暁
1980 「服部半蔵 影の軍団」	フジテレビ	★服部半蔵	黒田義之 工藤栄一 他	山田隆之 石川孝人 他
1980 「東京大地震マグニチュード8.1」	よみうりテレビ	★小林	西村潔 川北紘一	下飯坂菊馬 笠原和夫
1980 「柳生あばれ旅」	テレビ朝日	★柳生十兵衛	松尾昭典 太田昭和	小川英 中村勝行 他
1981 「警視庁殺人課」※37	テレビ朝日	関口エイイチ	中島貞夫	掛札昌裕
1981 「影の軍団Ⅱ」	フジテレビ	★柘植新八	深作欣二 関本郁夫 他	芦沢俊郎 深作欣二 他
1982 「影の軍団Ⅲ」	フジテレビ	★多羅尾半蔵	松尾昭典 関本郁夫 他	芦沢俊郎 飛鳥ひろし 他
1982 「柳生十兵衛 あばれ旅」	テレビ朝日	★柳生十兵衛(三厳)	牧口雄二 他	鈴木則文 他
1983 「宇宙刑事ギャバン」※38	テレビ朝日	ボイサー	小林義明 田中秀夫 他	上原正三 高久進 他
1984 「素晴らしきサーカス野郎」※39	よみうりテレビ	★前島大学	鷹森立一	柏原寛司 橋本以蔵
1985 「影の軍団Ⅳ」「影の軍団 幕末編」	フジテレビ	★服部半蔵	松尾昭典 関本郁夫 他	芦沢俊郎 飛鳥ひろし 他
1986 「深夜にようこそ」	TBS	★村田耕三	大山勝美 高橋一郎	山田太一
1987 「太閤記」	TBS	明智光秀	岡本喜八	高田宏治 野波静雄
1987 「雪の朝に」	フジテレビ	坂本医師	降旗康男	中村務
1987 「旅少女」	NHK	石川猛志	佐藤満寿哉 安江進	佐藤繁子
1987 「秋のシナリオ」	よみうりテレビ	辰巳プロデューサー	石橋冠	倉本聰
1988 「徳川家康」	TBS	石川数正	降旗康男	高田宏治
1988 「旅行けば連続殺人」	テレビ朝日	南条哲也	井藤雄才	中村勝行
1989 「織田信長」	TBS	織田信秀	降旗康男	高田宏治
1989 「家光と彦左と一心太助」	テレビ朝日	柳生十兵衛	舛田利雄	鈴木則文 志村正浩

※34 9話ゲスト　※35 1話、2話ゲスト
※36 特別出演　※37 1話ゲスト
※38 43話特別出演　※39 企画

1989	「OL潜入！ニッポン風俗名所」	テレビ朝日	★平四郎	原田雄一	中村勝行
1989	「夢に見た日々」	テレビ朝日	★関本慎作	深町幸男　北嶋隆　他	山田太一
1989	「源義経」	TBS	禅林坊覚日	舛田利雄	高田宏治　掛札昌裕　他
1990	「新吾十番勝負」	テレビ朝日	川口松太郎	大洲斉	鈴木則文　志村正浩
1990	「足で見る山」	TBS	倉橋	鈴木晴之	宮内婦貴子
1990	「十七人の忍者」	フジテレビ	甚伍左	宮越澄	池上金男
1991	「武田信玄」	TBS系	武田信虎	中島貞夫	高田宏治
1991	「齋藤道三　怒涛の天下取り」	テレビ朝日	明智光綱	工藤栄一	志村正浩
1992	「徳川無頼帳」※40	テレビ東京	★松平忠輝	居川靖彦　岡本静夫　他	小川英　蔵元三四郎　他
1993	「森蘭丸～戦国を駆け抜けた若獅子～」	テレビ東京	森三左衛門	居川靖彦	山本優
1996	「聖龍伝説」	よみうりテレビ	冴木勇次	細野英延　猪股隆一　他	大石哲也　羽原大介
1997	「寺子屋ゆめ指南」	NHK	泉水又十郎	若泉久朗　田中健二　他	布施博一　中村勝行
2001	「できちゃった結婚」	フジテレビ	小谷一徹	一井久司	吉田紀子　山田珠美
2001	「風雲　雄覇天下」	潑墨仙人事業股份有限公司	雄覇	シュー・チンリャン	ウェン・リーファン　マー・ウィンシン
2004	「風雲争覇」	北京可尓文化伝播有限公司	東方青木、東方白石	フー・シュェヤン	リン・エン　フェイ・リープー　他
2005	「柳生十兵衛七番勝負」※41	NHK	宮本武蔵	長沖渉　大原拓　他	池田政之
2005	「アストロ球団」	テレビ朝日	J・シュウロ監督	今井和久　舞原賢三	真辺克彦　鴨義信
2007	「風林火山」	NHK	板垣信方	清水一彦	大森寿美夫
2011	「秘密諜報員 エリカ」※42	よみうりテレビ	牧師	植田尚	関えり香
2012	「猿飛三世」	NHK　BSプレミアム	初代佐助の声	石塚嘉　安達もじり	金子成人　オカモト國ヒコ
2014	「おわこんTV」	NHK　BSプレミアム	★荒巻源次郎	松木創　淵上正人　他	松木創　下山健人　田中一彦　葛木英

演劇

	作品名	制作会社	役名 ★があるものは主役	演出	脚本
1981	「スタントマン物語」「魔界転生　柳生十兵衛」	JAC	★柳生十兵衛	深作欣二　千葉真一	青井陽治　土橋成男
1982	「ゆかいな海賊大冒険」	JAC	★ダイダロス	深作欣二　千葉真一	青井陽治
1985	「酔いどれ公爵」	JAC	★ロベール公爵	深作欣二　千葉真一	亀石征一郎
1986	「スタントマン愛の物語」「青春の出発(たびだち)」	JAC	艦長	新美正雄　千葉真一	青井陽治　岡田敬二
1987	「千葉真一奮闘公演・影の軍団」	松竹・JAC	★服部半蔵	牧口雄二　中原薫	山田隆之
2008	「風林火山　晴信燃ゆ」	松竹	板垣信方	石川耕士	石川耕士
2015	「BIOHAZARD THE STAGE」	「BIOHAZARD THE STAGE」公演製作委員会	エズラ・ゼネット	ヨリコ　ジュン	ヨリコ　ジュン

※40 監修
※41 5話特別ゲスト
※42 友情出演

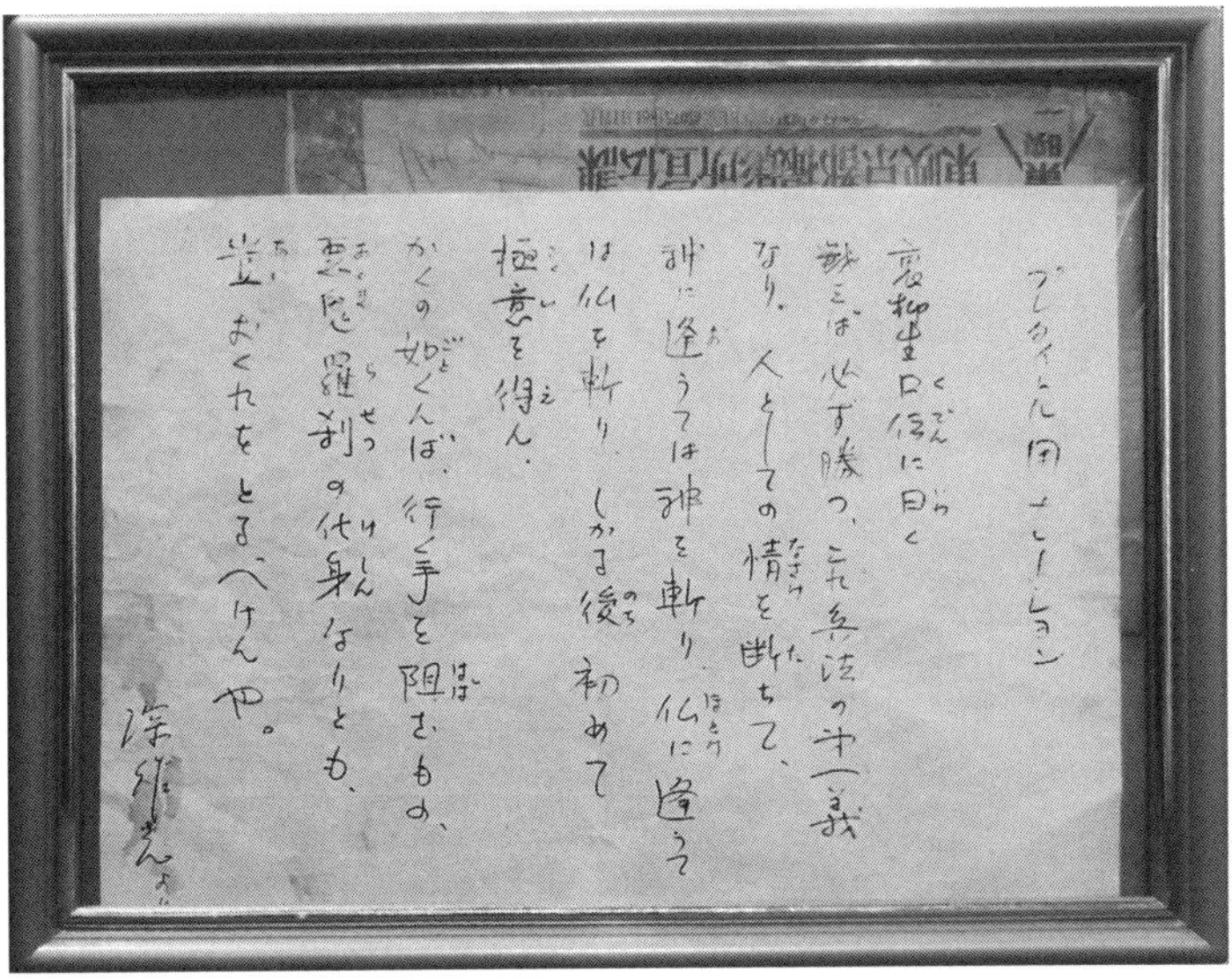

君津の自宅に大切に保管されている、深作欣二監督直筆のテレビドラマ版『柳生一族の陰謀』オープニングナレーション原稿

2021年6月17日、双葉社にて

千葉真一

ちば・しんいち。本名・前田禎穂(まえだ・さだほ)。1939年1月22日、福岡県生まれ、4歳のときに千葉県に転居。1959年に東映第6期ニューフェイス合格。器械体操、極真空手、乗馬、スキーなどの特技を生かしたアクロバティックなスタント、殺陣に定評があり、吹き替えに頼らず自ら演じるアクションスターの元祖と言える存在となる。海外では、Sonny Chiba(サニー千葉)の名で日本を代表する映画スターとして知られ、ジャッキー・チェン、サミュエル・L・ジャクソンなど、千葉をリスペクトする俳優・映画関係者も多い。1970年には、俳優養成所JAC(ジャパンアクションクラブ)を設立し、多くの俳優を育成。80年代からは、監督、プロデュースも手がける。

主な受賞作は、『日本暗殺秘録』(1969年)京都市民映画祭・主演男優賞、『戦国自衛隊』(1980年)ブルーリボン賞スタッフ賞、『風雲　ストームライダーズ』(1998年)第18回香港電影金像奨優秀主演男優賞など。2020年、文化庁長官表彰受賞。雅号:和千永倫道(作家)/仙國文蔵(画家・書家)の名も持つ。

2021年8月19日永眠(享年82)。

3人の子ども、長女・真瀬樹里、長男・新田真剣佑、次男・眞栄田郷敦も役者として活躍している。

自宅エントランスにある直筆の書

《参考文献》

『千葉真一 改め 和千永倫道』千葉真一著（山と渓谷社）

『千葉流　サムライへの道』JJサニー千葉著（ぶんか社）

『映画監督　深作欣二』深作欣二・山根貞男著（ワイズ出版）

『遊撃の美学　映画監督中島貞夫』中島貞夫著・河野眞吾編（ワイズ出版）

『仁義なき戦い―仁義なき戦い・広島死闘篇・代理戦争・頂上作戦』笠原和夫著（幻冬舎アウトロー文庫）

『『仁義なき戦い』をつくった男たち 深作欣二と笠原和夫』山根貞夫・米原尚志著（NHK出版）

『シネマの極道 映画プロデューサー一代』日下部五朗著（新潮社）

『オーラの運命』丹波哲郎著（双葉社）

『仁義なき戦い 浪漫アルバム』杉作J太郎・植地毅著（徳間書店）

『無冠の男 松方弘樹伝』松方弘樹・伊藤彰彦著（講談社）

『不良役者　梅宮辰夫が語る伝説の銀幕俳優破天荒譚』梅宮辰夫著（双葉社）

『あかんやつら 東映京都撮影所血風録』春日太一著（文藝春秋）

『現代日本映画人名事典 男優篇』（キネマ旬報社）

『現代日本映画人名事典 女優篇』（キネマ旬報社）

『別冊映画秘宝「キル・ビル」＆タランティーノ・ムービー インサイダー』（洋泉社）

本書は『週刊大衆』（2020年4月6日号～ 2021年12月20日号）の連載『侍役者道』を、加筆修正し、まとめたものです。

侍役者道《さむらいやくしゃどう》
～我《わ》が息子《むすこ》たちへ～

2021年12月25日 第1刷発行

筆者 千葉真一
発行人 島野浩二
発行所 株式会社双葉社
〒162-8540 東京都新宿区東五軒町 3-28
TEL 03-5261-4827(編集)/TEL 03-5261-4818(営業)
http://www.futabasha.co.jp/
(双葉社の書籍・コミック・ムックが買えます)

印刷・製本 中央精版印刷株式会社
装丁・ブックデザイン 勅使川原克典
構成 米谷紳之介
資料撮影 加藤文哉
校正 石橋一男
編集 谷澤崇、長柴アベル(双葉社)
写真 カバー:株式会社共同通信社
(第25回ハワイ国際映画祭:MAVERICK AWARD受賞時 2005年10月26日)
P1:弦巻勝
P3右上、P83、P87、P145、P300、P316:双葉社
P301 、318:加藤文哉
上記以外は、本人提供。

協力 西田真吾
張翼
浅井企画
若山企画

ISBN 978-4-575-31684-1 C0095